<그리스도인이면 꼭 알아야 할 성경 지식>

요한복음

제3권 길이요 진리요 생명이신 예수 그리스도(12-17장)

서울솔로몬학교 성경연수원

차 례

제 1 과　그리스도의 빛을 거부한 유대인들(12장) / 5

제 2 과　겸손과 사랑을 명하신 예수 그리스도(13장) / 17

제 3 과　나는 길이요 진리요 생명이라(14장) / 29

제 4 과　참 포도나무의 비유(15장) / 45

제 5 과　진리의 영이신 성령 하나님(16장) / 57

제 6 과　대제사장의 중보 기도(17장) / 67

이 책에 인용된 성경 구절은 〈한글킹제임스성경〉입니다.

제1과
그리스도의 빛을 거부한 유대인들(12장)

『이제 내 혼이 괴로우니 내가 무슨 말을 하리요? 아버지시여, 이 시간으로부터 나를 구해 주소서. 그러나 이 일을 위하여 내가 이 시간까지 왔사옵니다』(요 12:27).

예수 그리스도의 승리의 입성

1. 마리아가 장사를 위해 예수님께 기름을 부음(1-8절)

유월절 엿새 전에 예수님께서는 죽은 나사로를 살리셨던 베다니에 오셨는데, 나사로 등과 함께 저녁 식사를 하시려고 하신다(1,2절). "유월절 엿새 전"이라 함은 예수님께서 십자가에 처형되실 때가 얼마 남지 않았다는 점을 보여 준다. 주님께서는 죽으러 가시기 전에 사랑하는 사람들과 아름다운 시간을 보내고 계신 것이다.

『마리아가 매우 값진 감송향유 한 리트라를 가지고 와서 예수의 발에 붓고 자기의 머리카락으로 그의 발을 닦으니, 그 집이 향유 냄새로 가득 차더라』(요 12:3).

마리아가 매우 값진 감송향유 한 리트라를 가지고 와서 예수님의 발에 붓고 자기의 머리카락으로 주님의 발을 닦으니, 그 집이 향유 냄새로 가득 찼다(3절). 마리아가 값진 향유를 갖고 와서 예수님께 붓는 장면은 마태복음 26장에도 나온다. **『한 여인이 매우 값진 향유가 든 옥합을 가지고 와서 앉아 식사하시는 주의 머리 위에 붓더라』**(마 26:7). 마태복음에서는 그녀가 향유를 요한복음 12:3에서처럼 발에 붓는 것이 아니라 **『머리 위에 붓더라.』**라고 기록하고 있다. 하지만 전체적인 상황으로 보아 마태복음 26장의 장면과 요한복음 12장의 장면은 같은 사건을 다루고 있는 것이 분명하다. 그렇다면 지금 예수 그리스도께서 이들과 함께 저녁 식사를 하시게 될 장소는 시몬이라는 사람의 집일 것이다. **『예수께서 베다니에 있는 문둥병자 시몬의 집에 계실 때에, 한 여인이**

매우 값진 향유가 든 옥합을 가지고 와서』(마 26:6,7).

마리아는 『자기의 머리카락으로 그의 발을』 닦아 드림으로써 하나님의 아들이신 예수 그리스도의 영광을 표현했다. 마리아는 예수 그리스도를 그분의 영광에 맞게 합당하게 섬길 줄 알았던 사람이었던 것이다. 수건이 아닌 머리카락으로 닦음으로써 **『그 집이 향유 냄새로 가득 차더라.』**라고 성경은 말씀한다. 마리아는 온 집안에 향기가 가득 차게 함으로써 주 예수 그리스도의 영광을 온 집안에 가득히 드러내었던 것이다.

마리아가 주님께 감송 향유를 붓자 유다 이스카리옷이 불만을 터뜨렸다(4절). **『어찌하여 이 향유를 삼백 데나리온에 팔아 가난한 사람들에게 주지 아니하였느냐?』**(5절) 이것은 가난한 사람들을 염려해서가 아니라, 그가 도둑이었고 돈주머니를 맡은 자이기에 향유를 팔아 생기는 돈에 탐이 나서였다(6절). 주님을 섬기려 할 때면 늘 방해꾼이 나타나는 법이다. 삼백 데나리온이면 보통 근로자의 일 년 치 임금에 해당하는 액수였다. **값비싼 향유는 주님을 향한 마리아의 사랑을 보여 주지만, 이 점은 주 예수 그리스도의 존귀하심을 생생하게 나타내 주고 있다**. 주님은 아무리 값비싼 향유라도 아깝지 않은 존귀하신 분이신 것이다.

> 『그녀를 가만두어라. 그녀는 나의 장례 날을 위하여 이것을 간직해 둔 것이라. 가난한 사람들은 항상 너희와 함께 있으나 나는 너희와 항상 함께 있지는 아니하느니라』(7,8절)
>
> 

예수님께서는 불만을 터뜨리는 유다를 책망하셨다. 마리아는 아직까지 주님 외에 주님의 장례 날을 미리 알았던 유일한 사람으로 보인다. 마리아는 주님께서 죽으실 것이라는 것을 어떻게 알게 되었을까? 마리아가 예수님에 관하여 많은 것을 알 수 있었던 것은, 그녀가 예수 그리스도를 대할 때마다 그분의 발밑에 꿇어 앉아 그분의 말씀에 열심히 귀를 기울였기 때문이었다(눅 10:39-42). **『가난한 사람들은 항상 너희와 함께 있으나 나는 너희와 항상 함께 있지는 아니하느니라.』**라는 말씀은, 주님에 대한 헌신이 인간을 위한 헌신보다 더 중요하고, 주님을 향한 사랑이 인간을 향한 사랑보다 더 중요함을 보여 준다(cf. 마 22:37-40).

2. 나사로를 죽이려는 음모(9-11절)

그때 유대인의 큰 무리가 예수님께서 부활시키신 나사로를 보려고 그곳에 몰려들었는데(9절), 나사로 때문에 많은 유대인들이 가서 예수님을 믿는 것을 본 선임 제사장들은 나사로도 죽이려고 모의했다(10,11절).

선임 제사장들은 자신들이 누려온 지위와 종교적 기득권을 지키는 일에만 여념이 없었던지라, 썩어가는 시체를 살리신 위대한 역사가 지니고 있는 진리를 읽지 못했다. 그들은 현실적인 이득을 포기하고, 엄연하게 증명된 예수 그리스도의 하나님의 아들 되심을 받아들이지 못했던 것이다. 그들은 예수님께서 하나님이 보내신 분이요 메시아라는 이 부인할 수 없는 사실을 눈치 챘을 테지만, 이 엄청난 진리 앞에 결코 무릎을 꿇지 않았다.

육신적인 이익 때문에 메시아를 거부한 선임 제사장들의 그릇된 태도는 그들이 하나님을 섬기는 사람들이 아니었음을 보여 준다. 바른 성경을 알면서도 틀린 성경을 붙들고 교단에서 먹고사는 자들도 마찬가지다.

『그러한 자들은 우리 주 예수 그리스도를 섬기는 것이 아니라 자기들의 배를 섬기는 것이니 정중한 말과 그럴듯한 언변으로 순진한 사람들의 마음을 미혹하느니라』(롬 16:18). 『그들의 종말은 파멸이며 그들의 하나님은 자기들의 배요, 그들의 영광은 자기들의 수치 속

에 들어 있고 그들은 땅의 것들을 생각하느니라.)』(빌 3:19). 『돈을 사랑하는 것이 모든 악의 뿌리니, 이것을 욕심내는 어떤 사람들이 믿음에서 떠나 방황하다가 많은 슬픔으로 자신들을 찔렀도다』(딤전 6:10).

3. 승리의 입성과 나사로의 부활로 인한 충돌(12-19절)

명절에 온 많은 무리가 예수님께서 예루살렘에 오신다는 말을 듣자 종려나무 가지들을 들고 주님을 맞으러 가서 『호산나, 주의 이름으로 오시는 이스라엘의 왕은 복이 있도다.』라고 외쳤다(12,13절). 종려나무는 기쁨의 상징이다(레 23:34,40, 계 7:9). "호산나"는 "지금 구원하소서!"란 뜻이며, 간구가 아닌 승리의 외침이다. 주님을 맞으러 간 사람들은 승리감에 젖어 외치고 있다. 왜냐하면 이것은 "왕의 입성"과 관련된 사건이기 때문이다.

예수님께서는 어린 나귀 위에 타셨는데(14절), 이 왕의 입성은 스가랴 9장에 예언되어 있다(15절). 제자들은 이 일이 예언의 성취임을 나중에야 깨닫게 된다(16절). 재림 때 있을 왕의 입성은 승리의 입성이다. 이 일을 십자가에 처형되시기 전에 실행하신 것은, 그들이 십자가에 처형할 예수님이 곧 『**주의 이름으로 오시는 이스라엘의 왕**』이심을 분명히 밝혀 두시기 위함이었다. 왕이신 예수 그리스도를 처형한 데 대해 이스라엘은 분명히 책임을 져야 한다는 것이다.

『오 시온의 딸아, 크게 기뻐하라. 오 예루살렘의 딸아, 소리지르라. 보라, 네 왕이 네게 오시나니 그는 공의로우시며 구원을 지니셨고, 겸손하시며 나귀를 타시리니 나귀의 새끼인 어린 나귀니라』(슥 9:9).

<u>주님께서 이스라엘의 왕으로서 승리의 입성을 하시자, 바로 이분이 나사로를 무덤에서 부활시키신 분이라고 당시 나사로의 장례식에 갔던 무리가 증거했다(17절)</u>. 이 말을 들은 사람들도 주님을 맞이했는데(18절), 이 모습을 본 바리새인들은 절망감에 사로잡히게 된다. 『**그러므로 바리새인들이 서로 말하기를 "너희가 얼마나 부질없는 짓을 하는지 아느냐? 보라, 세상이 그를 따라가는도다."라고 하더라**』(19절). "부질없는 짓"이란 예수 그리스도를 많은 사람들이 보는 자리에서 공공연히 체포하려는 계략을 말한다. 이 일이 불가능함을 알아차린 그들은 주님을 은밀히 체포할 기회를 엿보기로 하는데, 이때 아주 유용하게 이용된 것이 "유다 이스카리옷"이다.

■ 새롭게 깨달았거나 적용할 내용이 있다면 적어 보세요. ■

빛을 거부한 유대인들

1. 예수님을 찾는 헬라인들(20-33절)

명절에 경배하러 온 헬라인들이 빌립에게 가서 예수님을 뵙고자 한다고 하자, 빌립이 안드레와 함께 가서 주님께 이 말을 전했다(21,22절). 그 말을 들으신 주님께서는 다음과 같이 말씀하셨다.

『1) 인자가 영광받을 시간이 왔도다. 진실로 진실로 내가 너희에게 말하노니, 1) 한 알의 밀이 땅에 떨어져 죽지 아니하면 한 알 그대로 남아 있지만 죽으면 많은 열매를 맺느니라. 자기 생명을 사랑하는 사람은 그것을 잃을 것이요, 이 세상에서 자기 생명을 미워하는 사람은 그것을 영생에까지 보존하리라. 2) 누구나 나를 섬기고자 하면 나를 따라오라. 내가 있는 곳에는 나의 종도 거기에 있으리니, 2) 누구나 나를 섬기면 3) 아버지께서 그를 높이시리라. 이제 내 혼이 괴로우니 내가 무슨 말을 하리요? 아버지시여, 1) 이 시간으로부터 나를 구해 주소서. 그러나 이 일을 위하여 내가 1) 이 시간까지 왔사옵니다. 아버지시여, 아버지의 이름을 영화롭게 하옵소서』(23-28절).

"인자가 영광받을 시간," 곧 "이 시간"은 십자가에서 죽으실 시간을 뜻하며(13:31,32), 주님께서는 이것을 "한 알의 밀이 죽어 많은 열매를 맺는 일"로 표현하셨다. "많은 열매"는 십자가의 죽으심을 통해 많은 이방인들이 구원받을 것을 암시한다.

초기 사역을 "이스라엘 집의 잃어버린 양"에게로만 한정하셨던(마 10:6;

15:24) 주님께서는, 십자가의 처형이 가까워진 시점에서 이방인들이 그분을 뵙고자 찾아오자 사역의 적용 대상을 "누구나"로 확대하셨다. 본문의 "누구나"는 주님을 찾아온 헬라인들을 염두에 두고 하신 말씀이다. 32절에서는 십자가를 직접적으로 언급하시면서 "모든 사람"을 언급하신다. 『**또 내가 땅에서 들리면 모든 사람을 내게로 이끌어 오리라... 이것을 말씀하심은, 주께서 어떠한 죽음으로 죽으실 것인가를 의미하심이라**』(32,33절).

하늘에서 『**내가 그 이름을 영화롭게 하였고 또다시 영화롭게 하리라.**』(28절)는 음성이 들리자 그 음성을 들은 무리는 천둥소리나 천사의 음성이라고 생각했다(29절). 예수님은 그 음성이 예수님을 위한 것이 아니고 그들을 위한 것이라고 하신 후(30절) 다음과 같이 말씀하셨다. 『**이제 이 세상의 심판이 이르렀으니 이제 이 세상의 통치자가 쫓겨나리라. 또 내가 땅에서 들리면 모든 사람을 내게로 이끌어 오리라**』(31,32절). 『**이제 이 세상의 심판이 이르렀으니**』와 『**내가 땅에서 들리면**』은 같은 사건을 가리킨다. 즉 "주님의 십자가 처형"을 뜻하는 것이다.

주님께서는 십자가를 통해 "이 세상의 통치자"가 쫓겨날 것이라고 말씀하셨다. 마귀는 "이 세상의 신"이라고도 불리고(고후 4:4) "이 세상의 통치자"라고도 불리는데, 다니엘 9장에 의하면 "이 세상의 통치자"는 장차 나타나서 가증함을 확산시키지만 결국 진멸되고 말 것이다(단 9:26,27). 결국 지배 권력을 상실하고 쫓겨나서 불못에 던져지게 되는데(계 20:10), 그 일의 시작이 바로 "갈보리 십자가"라는 것이다. 갈보리 십자가는 마귀의 패배를 확정한 위대한 사건이었다(히 2:14,15, 골 2:15).

2. 거부당하신 빛(34-41절)

인자께서 땅에서 들리실 것이라는(32절) 말씀을 들은 무리는 『우리가 율법에서 듣기로는 그리스도가 영원히 산다고 하였는데 어찌하여 당신은 '인자가 들리워야 하리라.'고 말씀하시나이까? 이 인자는 누구니이까?』(34절)라고 물었다. 무리는 시편 72:17과 같은 구절만을 가지고 메시아, 곧 그리스도가 영원히 살 것이라고 말했다. 그들은 다니엘 9:26과 이사야 53장에서 인자가 죽으실 것이라는 예언을 깨닫지 못했던 것이다.

『이 인자가 누구니이까?』라는 질문에 주님은 세상의 빛으로서의 주님 자신을 언급하셨다.

『아직 잠시 동안은 빛이 너희와 함께 있으니, 너희는 빛이 있을 동안에 행하여 어두움이 너희를 엄습하지 못하게 하라. 어두움 가운데 행하는 사람은 자기가 어디로 가는지 알지 못하느니라. 빛이 있을 동안에 너희는 그 빛을 믿으라. 그리하면 빛의 자녀들이 되리라』(35,36절).

예수님께서는 처음부터 『**사람들의 빛**』(요 1:4)으로 제시되셨고, 『**나는 세상의 빛이라. 나를 따라오는 사람은 결코 어두움 속에 다니지 아니하고 생명의 빛을 얻으리라.**』(요 8:12)라고 말씀하셨으며, 『**내가 세상에 있는 동안 나는 세상의 빛이라.**』(요 9:5)라고 말씀하셨다. 그러나 그분의 죽음이 가까이 다가옴에 따라 이 "빛"은 곧 세상에서 사라져 없어질 것인데, 주님께서는 본문과 같은 말씀을 하신 뒤 그들로부터 숨으셨다(36절). 세상의 빛께서 사람들로부터 숨으신 것이다. 이것은 빛으로서의 주님의 공적인 사역이 끝나 가고 있음을 보여 준다.

37-41절은 주님의 공적인 사역을 이사야서(53:1; 6:10)를 인용함으로써 요약한다. 『**우리의 전한 것을 누가 믿었으며, 주의 팔이 누구에게 나타났느냐?**』(사 53:1) 이렇게 시작되는 이사야 53장은 메시아의 고난에 관한 예언을 담고 있으며, 이것은 예수님께서 초림 때 백성들에게 어떤 대우를 받으실 것인가를 분명히 보여 준다(사 53:3,4).

■ 하나님의 응징을 예언한 이사야 ■

이사야는 빛을 거부한 이스라엘에게 주어지는 하나님의 응징을 예언한다. 『가서, 이 백성에게 말하기를 '참으로 너희가 들으나 깨닫지 못할 것이요, 참으로 너희가 보나 알지 못하리라.' 하라. 이 백성의 마음으로 살찌게 하고, 그들의 귀로 둔해지게 하며, 그들의 눈으로 감기게 하라. 그리하여 그들이 눈으로 보지도 못하고, 귀로 듣지도 못하며, 마음으로 깨닫지도 못하고, 회심하지도 못하고, 치유받지도 못하게 하라』(사 6:9,10).

그들은 애초부터 믿을 의사가 없었고, 그 결과 하나님께서는 그들로부터 눈을 돌리셨으며 그들의 마음을 완전히 닫아 버리셨다. 그 결과 이스라엘은 교회시대 동안 민족적으로 눈멀고 귀먹게 되어 예수 그리스도를 믿을 수 없게 되었다. 그들은 민족적으로 구원받을 수 있는 기회를 놓치고 만 것이다. 빛을 거부한 자들에게는 처절한 영적 암흑과 더욱 완악한 마음이 그에 대한 보상으로 주어졌다. 이스라엘이 지난 2천 년 동안 겪었던 암울하고 비참한 역사의 원인이 바로 여기에 있었다.

3. 따르는 군중에게 주신 마지막 말씀(12:42-50)

민족적으로는 눈멀고 귀먹었지만, 그럼에도 많은 상급관원들이 주님을 믿었다. 그들이 바리새인들 때문에 주님을 공개적으로 시인하지 못한 것은 회당에서 출회당하지 않기 위함이었다(42절). 이것은 사람의 영광을 하나님의 영광보다 더 사랑한 결과였다(43절).

이와 같은 현실 속에서도 주님은 담대하게 외치셨다. 주님은 주님이 어떤 분이시고 어떤 사역을 하셨는가를 정리해 주신 것이다. ❶ 예수님을 믿고 예수님을 본다는 것은 예수님을 보내신 분을 믿고 또 보는 것이다(44,45절). cf. 요한복음 10:30; 14:9. ❷ 빛으로 세상에 오신 목적은 세상을 심판하려는 것이 아니라 세상을 구원하려는 것이다(46,47절). 초림의 목적은 구원이고, 재림의 목적이 심판이다. ❸ 예수님을 거절한 자들을 심판할 이는 예수님께서 하신 바로 그 말씀이다(48절). ❹ ❸번과 같은 결과가 나타나는 이유는, 아버지께서 그 말씀을 예수님께 주셨고, 예수님께서는 아버지의 말씀을 그대로 전하셨기 때문이다(49,50절). 이 점은 예수님께서 구약에 예언된 그 선지자이심을 증명해 준다.

『내가 그들의 형제들 가운데서 너와 같은 한 선지자를 그들에게 일으켜서 내 말들을 그의 입에 두리라. 그리하면 그는 내가 그에게 명령할 모든 것을 그들에게 말하리라. 그가 내 이름으로 말할 내 말들에 경청하지 않는 자는 누구라도 내가 그에게 그것을 요구하리라.』(신 18:18,19).

■ 새롭게 깨달았거나 적용할 내용이 있다면 적어 보세요. ■

NOTES

제2과

겸손과 사랑을 명하신 예수 그리스도(13장)

『예수께서 그에게 말씀하시기를 "이미 목욕한 사람은 발밖에 씻을 필요가 없으니 그는 온몸이 깨끗함이라. 너희는 깨끗하나 다 그런 것은 아니니라."고 하시더라』(요 13:10).

제자들의 몸이 아닌 "발"을 씻기신 예수님

『유월절 전에, 예수께서 이 세상에서 떠나 아버지께로 가야 할 자기 때가 된 것을 아시고, 세상에 있는 자기 사람들을 사랑하시되, 그들을 끝까지 사랑하시니라』(1절).

예수 그리스도께서는 유월절 전날 저녁, 자신의 죽음을 앞두시고 세상에 남겨지는 『**자기 사람들**』을 "끝까지" 사랑하셨다. 당신은 예수 그리스도의 사람인가? "그리스도인"인가? 그렇다면 주님께서는 당신을 사랑하시되 끝까지 사랑하신다(롬 8:38,39). 즉 그리스도인으로서 살아갈 때 늘 잊지 말아야 할 것은 "나"를 향하신 하나님의 사랑이다. 『**이로써 우리가 하나님의 사랑을 아노니, 이는 그분이 우리를 위하여 자신의 생명을 내어 놓으셨음이라**』(요일 3:16). 『**자기 아들을 아끼지 아니하시고 우리 모든 사람을 위하여 내어주신 분이 어찌 그 아들과 함께 또한 모든 것을 우리에게 값없이 주시지 아니하겠느냐?**』(롬 8:32)

예수님께서 그분의 사람들을 사랑하시는 그 순간에도 마귀는 역사한다. 『**저녁 식사가 끝나자 마귀가 이미 시몬의 아들 유다 이스카리옷의 마음속에 주를 배반할 생각을 넣은지라**』(2절). 사랑이 있는 곳에 배반도 함께 있다. 주님께서는 『**아버지께서 모든 것들을 자기 손 안에 주신 것과 자기가 하나님께로부터 왔다가 하나님께로 가는 것을 아시고**』(3절) 주님 자신이 "자기 사람들"을 끝까지 사랑하신다는 사실을 보여 주는 "한 본"으로서 제자들의 발을 씻어 주셨다(4,5절).

예수님께서 씻어 주신 것은 제자들의 "발"이지 "몸"이 아니었다. 몸은 이미 깨끗하게 되었으므로 그들의 발밖에 씻을 필요가 없었기 때문이다. 『**이미 목욕한 사람은 발밖에 씻을 필요가 없으니 그는 온몸이 깨끗함이라**』(10절). 이를 영적으로 보면, 예수님의 피로 구속을 받은 성도는 "이미 목욕한 사람"이다. 그러나 구원받은 성도라 해도 현 세상에서는 매일 죄의 영향력 하에서 살게 되고, 또 죄를 짓게 된다. 이 일은 몸이 구속 받는 휴거 때까지는 그치지 않는다. 그렇기에 성도는 이 악한 현 세상을 매일 걸으며 더러워진 "발"을 말씀의 물로 씻어야 한다(엡 5:26). 하나님의 말씀은 일상생활에서 그리스도인에게 묻는 죄를 정결케 한다. 그리스도인이 매일 행하는 모든 행동을 깨끗게 한다. 『**청년이 무엇으로 자기 길을 정결케 하리이까? 주의 말씀을 따라 조심할 것이니이다**』(시 119:9). 당신은 하나님의 말씀으로 그날그날 세상에서 묻은 죄를 씻고 있는가?

예수님께서 말씀의 물로 우리를 씻어 주시는 솜씨는 완벽하다. 주님께서는 제자들의 발을 씻겨 주셨을 뿐만 아니라 허리에 두른 수건으로 그 물기까지 말끔히 닦아 주셨다(5절). 주님께서 그날그날 우리의 죄를 씻어주시는 일은 완전하게 마무리된다. 그리스도인은 성경을 펼쳐서 거기에 기록된 말씀으로 자신을 돌아보고 씻으며 하루를 마감해야 한다. 날마다 예수님께 씻기기를 거부하는 성도는 주님과 무관한 사람이 된다(6-9절).

예수님께서는 주님께서 친히 보여 주신 본을 따라 섬겨야 한다고 제자들에게 명령하셨다(12-17절). 오늘날 이 명령은 "세족식"으로 변질되어 배교한 교회들에서 실행된다. 예수님께서는 『**한 본**[an example]』(15절) 곧 하나의 예를 보여 주신 것이지(15절), 반드시 발을 씻겨 줘야 한다고 하지 않으셨다. 사도행전에 제자들이 누군가의 발을 씻겨 주었다는 기록은 없다. 그러한 "본"은 예수님께서 자기 사람들을 끝까지 사랑하신 것에 대한 하나의 사례요 본보기였다. 즉 "너희도 이렇게 사랑하라."는 것이었다. 주님은 그것을 하나의 사례로 삼아 서로 간에 "겸손하게" 행하며 "사랑으로" 섬길 것을 명령하셨다.

또한 예수님께서는 친히 『**주와 선생으로**』(14절) 제자들의 발을 씻겨 주시며 그들도 주님처럼 겸손과 사랑으로 행해야 한다고 명령하셨다(12-15절). 우리의 주님이시자 위대하신 선생님께서 이러한 본을 보이셨다면, 우리도 그렇게 행해야 한다! 성경에는 우리가 하나님께서 행하신 것처럼 행해야 한다는 말씀이 종종 등장한다(벧전 1:16; 4:11, 요일 1:7; 3:3). 『**진실로 진실로 내가 너희에게 말하노니, 종이 자기 주인보다 더 위대하지 못하며 보냄을 받은 사람이 보낸 사람보다 더 위대하지 못하니라**』(16절). 제자들뿐만 아니라 우리 역시 예수님보다 위대하지 못하므로 그분께서 보여 주신 대로 행해야 한다. 겸손하게 사랑으로 섬기지 않는 사람은 스스로 주님보다 우월한 사람으로 행세하는 꼴이 된다. 예수님께서는 『**이런 일들을 알고, 그것들을 행하면 복이 있느니라.**』(17절)라고 말씀하셨다.

■ 새롭게 깨달았거나 적용할 내용이 있다면 적어 보세요. ■

배반자 유다 이스카리옷(18-30절)

『내가 너희 모두에게 말하는 것이 아니니라. 나는 내가 택한 자들을 아노라. 그러나 '나와 함께 빵을 먹는 자가 나를 대적하여 자기 발꿈치를 들었나이다.' 라고 한 성경을 이루려는 것이라… 예수께서 이 말씀을 하시고 영 안에서 괴로워하시며 증거하여 말씀하시기를 "진실로 진실로 내가 너희에게 말하노니, 너희 가운데 한 사람이 나를 배반하리라."고 하시니 제자들이 주께서 누구를 말씀하시는가 의아해 하며 서로 쳐다보더라』(18,21,22절).

예수님께서는 자신을 배반할 유다 이스카리옷을 가리켜 아직 "목욕도 하지 않은 더러운 자"라고 말씀하셨다. 『**예수께서 그에게 말씀하시기를 "이미 목욕한 사람은 발밖에 씻을 필요가 없으니 그는 온몸이 깨끗함이라. 너희는 깨끗하나 다 그런 것은 아니니라."고 하시더라. 이는 주께서 자기를 배반할 자가 누구인지 아심이라. 그러므로 말씀하시기를 "너희가 다 깨끗한 것은 아니니라."고 하신 것이라**』(10,11절). 저녁 식사가 끝났을 때 "마귀"(the devil)가 유다 이스카리옷의 마음속에 예수님을 배반할 생각을 넣었고(2절), 주님께서는 눈에 보이지 않는 영적 상황을 다 알고 계셨다. 주님께서는 자기 눈앞에서 벌어지는 모든 일을 꿰뚫고 계신다. 주님께 숨길 수 있는 것은 아무것도 없다. 『**이는 숨겨진 것이 드러나지 않을 것이 없고, 비밀로 간직된 것도 공개되지 않을 것이 없음이니라**』(막 4:22). 교회의 회중이 모두 구원받은 것 같지만 그 가운데에는 구원받지 않은 사람들도 있다. 예수님을 따르겠다고 나선 사람들 가운데에 아직 구원받지도 않은 사람들이 있는 것이다. 그들은 출애굽 때 모세를 따라나선 혼혈의 무리와 같아서(출 12:38) 교회에 문제를 일으키는 주요 장본인들이 되곤 한다.

예수님께서 제자들 가운데 하나에게 배반당하신다는 것은 구약성경에 이미 예언되어 있었다(18-20절). 『**정녕, 내가 믿었던, 내 빵을 먹었던 나의 친한 친구도 나를 대적하여 자기 발꿈치를 들었나이다**』(시 41:9). 『**나를 비난하는 자는 원수가 아니었으니 그랬더라면 내가 참을 수 있었으리라. 나를 대적하여 자신을 높인 자는 나를 미워하던 자가 아니었으니 그랬더라면 내가 그를 피하여 숨었으리라. 그러나 그는 바로 너로다. 나와 같은 사람이요, 나의 안내자요, 나의 벗이로다. 우리가 함께 다정하게 의논하였으며 하나님의 집에 사람들과 함께 다녔도다**』(시 55:12-14). 배반자인 유다 이스카리옷은 예수님의 "벗"(친구)이라고 불릴 정도로 주님과의 사이가 상당히 가까운 제자였다. 이처럼 마귀의 역사는 인간적인 관점으로는 매우 분별해 내기가 힘들다. 물론 주님께서는 유다의 마귀적 실체에 대해 알고 계셨다(요 6:70,71). 주님과 달리 영적 분별력 없다면 어느 누구도 "마귀의 종들"을 쉽게 알아볼 수 없다(고전 11:12-15).

예수님께서 주님과 함께 있는 누군가가 배반할 것이라는 폭탄선언을 하셨을 때(21-30절), 사도 요한을 제외한 나머지 제자들은 모두 의아해하며 『**주여, 그가 나니이까?**』(마 26:22)라고 물었다. 이때 예수님께서는 『**선생님, 그가 나니이까?**』라고 묻는 "오직 한 사람," 곧 유다 이스카리옷에게만 『**그렇도다.**』라고 대답하셨다(마 26:25). 예수님의 특별한 사랑을 받았던 제자, 곧 사도 "요한"은 다른 제자들처럼 『**주여, 그가 나니이까?**』(마 26:22)라고 묻는 대신 『**주여, 그가 누구니이까?**』(25절)라고 물었다. 요한은 자신이 주님을 배반할 사람이 아님을 알고 있었다. 왜냐하면 그는 다른 어떤 제자들보다도 주님께 사랑받는 제자였고(요 13:23; 20:2; 21:7,20), 그 자신도 주님을 그분의 품에 기대어(요 13:23) 사랑하고 있었기 때문이다. 요한은 교회의 예표가 되는 제자이다. 교회의 예표가 되는 인물이 주님을

배반하지 않는다면, 주님의 몸 된 교회의 성도들 역시 주님을 배반하지 않는 것이 맞다. 하나님과 그분의 사역을 대적하고 배반한다면 그 사람은 "아직 몸을 씻지 않은"(거듭나지 않은) 죄인의 상태에 있는 것이다. 『**어린 자녀들아, 이것이 마지막 때라. 적그리스도가 올 것이라고 너희가 들었던 대로 지금도 많은 적그리스도가 일어났으니, 이로써 우리가 마지막 때인 줄 아느니라. 그들이 우리에게서 나갔으나 우리에게 속하지 아니하였나니, 만일 그들이 우리에게 속하였더라면 분명히 우리와 계속 함께하였을 것이나 그들이 나감으로 그들 모두가 우리에게 속하지 아니함을 나타내었느니라**』(요일 2:18,19). 당신은 주님을 배반하지 않을 것이라는 확신이 있는가?

■ 새롭게 깨달았거나 적용할 내용이 있다면 적어 보세요. ■

예수 그리스도의 새 계명(31-38절)

『내가 새 계명을 너희에게 주노니 이는 너희가 서로 사랑하라는 것이라. 내가 너희를 사랑한 것같이 너희도 서로 사랑하라. 너희가 서로 사랑하면 이것으로 모든 사람이 너희가 나의 제자인 줄 알리라."고 하시더라』(34,35절).

예수님께서는 "그분의 죽으심"을 "영광을 받으시는 것"으로 말씀하셨다. 『**이제 인자가 영광을 받으며 하나님께서도 그 안에서 영광을 받으시는도다. 하나님께서 인자 안에서 영광을 받으시면 하나님께서도 자신 안에서 인자를 영화롭게 하시리니 그를 즉시 영화롭게 하시리라**』(31,32절). 12장에서 어떤 헬라인들이 주님을 뵙고자 찾아왔을 때에도 한 알의 밀로서 죽으심으로 많은 열매를 맺는 것과 관련하여 『**인자가 영광받을 시간이 왔도다.**』(23절)라고 말씀하셨다. 17장에서 십자가로 가시기 전에 드렸던 대제사장으로서의 기도에서도 십자가에서 죽으실 시간과 관련하여 주님께서 받으실 영광을 언급하셨다. 『**아버지시여, 그 시간이 왔나이다. 아버지의 아들을 영화롭게 하셔서, 아들도 아버지를 영화롭게 하게 하옵소서. 아버지께서 아들에게 모든 육체 위에 권세를 주신 것은 아들에게 주신 모든 사람에게 영생을 주게 하려 하심이니이다. 영생은 이것이니, 곧 사람들이 유일하시고 참 하나님이신 아버지와 아버지께서 보내신 예수 그리스도를 아는 것이옵니다**』(요 17:1-3). 주님께서 십자가의 죽음을 통해 받으시게 될 영광은 창세전에 삼위일체 하나님으로서 누리셨던 영광 바로 그것이었다. 『**오 아버지시여, 세상이 있기 전에 내가 아버지와 함께 갖고 있던 그 영광으로 이제 나를 아버지와 함께 영화롭게 하여 주옵소서**』(5절). 하나님으로서의 영광을 버리고 종의 형체인 육신으로 나타나신(빌 2:6,7) 예수님께서는 죄인들의 구원이라는 하나님의 위대한 과업을 완수하심으로써 아버지와 동일한 영광을 누리시게 된 것이다.

이제 예수님께서는 십자가 사건 이후 지상에 남겨질 제자들에게 "서로 사랑하라"는 새 계명을 주셨다(33-35절). 사랑은 "주님의 제자 됨"의 표식으로서 주신 것이었다. 『**너희가 서로 사랑하면 이것으로 모든 사람이 너희가 나의 제자인 줄 알리라**』(35절). 성도들이 서로 사랑하는 것은 제자 됨의 표식이다! 사랑은 그리스도인이 가슴에 달고 다녀야 할 "배지"이다! 예수님께서 친히 우리를 사랑해 주셨기 때문에 우리 또한 서로 사랑해야 한다는 것이 주님께서 주신 "새 계명"이다. 이것은 주님께서 제자들의 발을 씻기시며 섬김의 본을 보여 주신 것과 직결된다. 우리는 겸손하게 서로를 사랑함으로써 주님의 제자임을 드러내고 있어야만 한다. 언제까지? 몸이 변화되는 "휴거" 때까지 그러해야 한다. 사도 요한은 이 점을 그의 다른 서신에서 재차, 삼차 강조했다. 『**사랑하는 자들아, 이제는 우리가 하나님의 아들들이라. 우리가 어떻게 될 것인지는 아직 나타나지 아니하였으나 그가 나타나시면 우리가 그와 같이 되리라는 것을 아노니, 이는 우리가 그분 그대로 그분을 볼 것이기 때문이라. 그분 안에서 이 소망을 가지는 사람은 누구나 그분이 정결하신 것처럼 자신을 정결케 하느니라... 이로써 우리가 하나님의 사랑을 아노니, 이는 그분이 우리를 위하여 자신의 생명을 내어 놓으셨음이라. 따라서 우리도 형제들을 위하여 우리의 생명을 내어 놓는 것이 마땅하도다... 나의 어린 자녀들아, 우리가 말이나 혀로 사랑하지 말고 행동과 진리로 하자... 그의 계명은 이것이니, 우리가 그의 아들 예수 그리스도의 이름을 믿고, 그가 우리에게 주신 계명대로 서로 사랑하라는 것이라**』(요일 3:2,3,16,18,23).

예수님께서는 베드로가 주님을 부인할 것에 대해 경고하셨다(36-38절). 베드로는 "서로 사랑하라"는 명령보다는 "주님께서 떠나신다"는 것에만 초점을 맞추었다. 『**주여, 어디로 가시나이까?**』(36절) 그래서 주님을 따라가겠노라고, 죽음에 이를지라도 따르겠노라고 다짐했지만(37절) 주님을 세 번 부인하는 죄를 지음으로써 그 육신적인 열성은 곧 깨지고 만다(38절).

▪ 형제 사랑 ▪

베드로는 자신을 다른 제자들보다 우월한 존재로 여겼기 때문에 주님의 제자들을 사랑하는 사람이 아니었다. 『**사랑은... 교만하지 아니하고**』(고전 13:4). 눈에 보이는 형제자매를 사랑하지 못하는 사람이 보이지 않는 하나님을 사랑한다는 것은 불가능한 일이다. 그런 사랑은 시험을 만나면 깨지고 만다! 『**자기 형제를 사랑하는 자는 빛 가운데 거하며 자기 안에 실족할 계기가 없으나 자기 형제를 미워하는 자는 어두움 가운데 있고 어두움 가운데 행하되 자기가 어디로 가는지 모르니, 이는 그 어두움이 그의 눈을 멀게 하였음이라**』(요일 2:10,11). 『**어떤 사람이 "나는 하나님을 사랑하노라." 하면서 자기 형제를 미워하면 그는 거짓말쟁이라. 눈으로 본 형제를 사랑하지 않는 자가 본 적이 없는 하나님을 어떻게 사랑할 수 있겠느냐?**』(요일 4:20)

▪ 새롭게 깨달았거나 적용할 내용이 있다면 적어 보세요. ▪

NOTES

NOTES

제3과

나는 길이요 진리요 생명이라(14장)

『예수께서 그에게 말씀하시기를 “나는 길이요 진리요 생명이라. 나로 말미암지 않고는 아버지께로 올 사람이 아무도 없느니라』(요 14:6).

인류의 "유일한 길," 예수 그리스도

세상에는 사람들이 만들어놓은 숱한 길들이 존재하는데, 그중에는 동서(東西) 교역을 위해 만들어진 "비단길"(silk road)이 있고, 알렉산더 대왕이 세계제패와 영토 확장을 위해 만들어놓은 "정복자의 길"도 있으며, 모든 길은 로마로 통한다는 그런 길도 있다. 지금도 여전히 사람들은 하늘과 우주 저편에 이르기까지 다양한 길들을 개척해 나가고 있다. 하지만 지금까지 만들어졌고, 또 앞으로도 인류가 만들 그 모든 길은 인류의 행복과 발전을 위한 것처럼 보일지라도, 결코 그것은 영원한 생명과는 전혀 상관이 없는 길이다. 이 땅에 태어나는 모든 사람에게는 각자가 걸어야 할 나름의 인생길이 있다. 하지만 저마다의 인생길이 어떠하든지 모두가 반드시 만나게 될 길이 있는데, 그것은 바로 성경에서 말씀하시는 "죽음의 길"이다(잠 16:25). 그런데 성경은 그 죽음이 끝이 아니라, 오히려 "영원한 고통의 시작"이라 말씀하신다(히 9:27). 그렇기 때문에 하나님께서는 그 길에서 벗어나 "영원한 생명의 길"로, 곧 "영원한 영광의 길"로 옮기라고 당신을 초청하고 계신다. 하나님께서 마련해놓으신 어린양 곧, 『**길이요, 진리요, 생명**』이신 예수 그리스도만이 당신을 영원한 멸망에서 생명으로 인도하실 "유일한 길"이다. 그런데도 『**참 하나님**』(요일 5:20)이신 예수 그리스도께서 마련해 놓으신 그 길을 거부한다면 당신은 영원한 멸망의 길로 가게 된다. 결코 돌이킬 수 없는 길로 말이다. 그러므로 지금 자신에게 물어보라. "나는 과연 어떤 길을 가고 있는지!"

"진리"이신 예수 그리스도를 믿으라!

1. 마음에 근심하지 말고, 나를 믿으라.

『너희는 마음에 근심하지 말라. 너희가 하나님을 믿으니 또한 나를 믿으라』(1절).

요한복음 6장에서 빵의 기적을 보이신 주님께서 자신이 『**하늘에서 내려온 살아있는 빵**』임을 밝히셨고(6:51), 또한 그것을 먹는 자는 영원히 살 것이라 말씀하셨지만(6:58), 이에 제자들 가운데 많은 자들이 주님을 떠나고 말았다(6:60-66). 이후 유월절을 앞두고서는 남은 열두 제자들 가운데 하나는 마귀이며, 또한 자신을 배반할 것이라는 놀라운 사실을 알리셨다(13:21). 더군다나 제자들이 따라갈 수 없는 곳으로 떠날 것이라는 청천벽력 같은 말씀을 꺼내심으로써 그들의 마음을 뒤흔들어 놓으셨다(13:33). 그 와중에 수제자인 베드로는 목숨을 걸고 주님을 따르겠다고 나서기도 하지만, 그가 『**세 번이나 나를 세 번 부인하리라**』는 말씀은 제자들에게는 "혼란" 그 자체였다(13:38).

그런 제자들의 혼란스러운 마음을 누구보다도 잘 아시는 주님께서 그들을 향해 마음에 "근심"(trouble)하지 말라며 말문을 열고 계신다(1절). 제자들의 흔들리는 마음은 주님의 약속에 대한 확고한 신뢰가 부족한 것에서 비롯된 것으로, 그것은 마음의 근심과 두려움으로 이어지기 마련이다. 그렇지만 주님은 제자들이 한결같이 자신을 온전히 신뢰하기를 바라셨기에, 『**너희가 하나님을 믿으니 또한 나를 믿으라**』고 명령하신 것이다(cf. 10:30). 나아가 주님은 다시 오실 것을 약속하셨고(3절), 또한 그들을 고아로 남겨 두지 않으시며, 또 다른 위로자인 성령을 주셔서 그들과 함께 영원히 거하실 것을 약속하셨다(16절, cf. 16:32,33).

2. 처소를 마련하러 가시는 예수 그리스도

『나의 아버지 집에는 많은 저택들이 있느니라. 그렇지 아니하면 내가 너희에게 말하였으리라. 나는 너희를 위하여 처소를 마련하러 가노라. 내가 가서 너희를 위하여 처소를 마련하면 다시 와서 너희를 내게로 영접하여 내가 있는 그곳에 너희도 있게 하리라』(2,3절).

하나님께서는 인류 역사가 시작된 이래로 자기에게 속한 사람들을 위해 항상 살 "곳"(place, 장소)을 예비해놓으셨다. 첫 사람 아담을 위해서는 "에덴의 동편에 동산"을 세우셨고(창 2:8), 이집트를 나온 이스라엘을 위해서는 "카나안 땅"을 예비해두셨다(신 6:10,11). 또한 육신을 입고 오신 하나님이신 예수 그리스도께서 자신을 따르던 제자들에게도 하늘에 있는 영원한 "처소"(place)를 마련하러 가신다고 약속하고 계신다(3절).

이러한 하나님의 사랑은 이스라엘 백성에게만 한정된 것이 아니라, 오늘날의 신약 성도들을 위해서도 변함이 없는데 그것은 영원한 "처소"(place)인 "새 예루살렘"이다(계 21:2). 이뿐만 아니라 더 넓은 의미에서 보면 예수 그리스도의 재림 이후에 "모든 시대의 구원받은 성도들"을 위해 마련된 "새 하늘과 새 땅"도 마찬가지이다(계 21:1). 이렇듯 주님께서는 사랑하는 자기 사람들을 예비하신 곳으로 인도하시는데, 그 이유를 요한복음 17장에서 확인할 수 있다. **『아버지시여, 내가 바라오니 아버지께서 내게 주신 그들도 내가 있는 곳에 나와 함께 있게 하셔서 그들로 아버지께서 내게 주신 나의 영광을 보게 하소서.』**(17:24, cf. 계 21:23,24).

본문 3절에서도 주님은 그들을 위해 하늘에 마련하실 처소에 대해 "내가 있게 될"(미래형) 그곳이 아니라, 『**내가 있는**』(현재형) 그곳이라 말씀하심으로써 영원하신 하나님이신 예수 그리스도의 신성을 나타내고 있다.

■ "나의 아버지 집"에 대한 경륜의 변화 ■

요한복음 2장에서 주님은 예루살렘 성전("헤롯 성전")에서 비둘기파는 자들과 환전상들을 보시고 상을 뒤엎으시면서 "나의 아버지의 집을 장사하는 집으로 만들지 말라."고 하셨는데, 이때 그 집은 ❶ 유대인을 위한 물리적인 성전이다(2:14-17). 그런데 이 말씀을 듣고 있던 믿지 않던 유대인들이 예수님께 표적을 구했을 때, 주님께서 "이 성전을 헐라. 그러면 내가 '삼일' 만에 이것을 다시 일으키리라."고 말씀하셨는데, 이때의 성전은 ❷ "성전 된 자기 몸" 곧, 그리스도의 몸인 교회를 미리 언급하신 것이다(2:18-21). 그리고 본문 14장 2절에서 언급하신 "나의 아버지 집"은 거듭난 성도들이 장차 가게 될 ❸ "새 예루살렘"을 언급한 것이다. 이렇듯 요한복음에서는 예수 그리스도의 사역과 함께 "집"(house)에 대한 경륜의 변화가 일어나고 있음을 볼 수 있다.

■ 새롭게 깨달았거나 적용할 내용이 있다면 적어 보세요. ■

"진리"와 "생명"으로 인도하시는 예수 그리스도

1. 의심 많은 도마와 빌립

『내가 어디로 가는지 너희가 알고 또 그 길도 너희가 아노라." 하시니... 내가 아버지 안에 있고 또 아버지께서 내 안에 계시는 것을 믿으라. 그리하지 못하겠거든 행한 그 일들을 보고 나를 믿으라』(4,11절).

도마는 주님께서 나사로를 살리시기 위해 그에게로 가자고 했을 때, 뜬금없이 주님과 함께 죽으러 가자고 했던 제자였다(11:16). 그런데 이번에도 주님께서 처소를 마련하러 아버지께로 가서 다시 오실 것을 말씀하시면서 『**내가 어디로 가는지 너희가 알고 또 그 길도 너희가 아노라**』(4절)고 하시자, 오히려 그는 『**주여, 우리는 주님께서 어디로 가시는지 모르는데 어떻게 우리가 그 길을 알 수 있나이까?**』라며 투덜대고 말았다(5절, cf. 20:27).

하지만 시간을 거슬러 가보면, 도마뿐만 아니라 다른 제자들까지도 하나님께서 아들이신 예수 그리스도를 이 땅에 보내셨다는 것을 믿지 않았다는 사실을 보게 된다. 예수 그리스도께서는 자기 자신에 대해 『**나는 하늘에서 내려온 살아 있는 빵**』(6:51)이며, 또한 『**하늘에서 내려온 이, 곧 하늘에 있는 인자**』(3:13, cf. 3:31)라 밝히셨고, 게다가 『**그분께서 나를 보내셨음**』을 분명히 밝히셨다(7:29).

이뿐 아니라 38년간 병을 앓던 병자와 날 때부터 소경을 치유하심으로써 자신이 "하나님"으로부터 오신 사실을 입증하셨고(5,9장), 나사로를 살리심으로써 그 사실을 그들로 믿게 하려 하셨다(11:42). 심지어 『**인자가 전에 있던 곳으로**

올라가는 것을 너희가 본다면 어찌하려느냐?』(6:62)며 명확하게 말씀하셨다. 결국 주님은 오셨던 곳으로 다시 가실 것을 분명히 밝히신 것이다. 그런데도 그들 중 그 누구도 주님께서 어디로 가시는지 묻기는커녕, 슬픔과 근심만 가득했었다(16:5,6).

도마의 이러한 의심에 대해 주님은 『**나는 길이요 진리요 생명이라. 나로 말미암지 않고는 아버지께로 올 사람이 아무도 없느니라. 만일 너희가 나를 알았더라면 나의 아버지도 알았으리라. 이제는 너희가 그분을 알고 또 보았느니라.**』라고 말씀하시자(6,7절), 이번에는 빌립이 『**주여, 아버지를 우리에게 보여 주소서. 그러면 만족하겠나이다.**』라며 나선 것이다(8절). 사실상 그는 주님께 터무니없는 요구를 한 것인데, 하나님을 본 자는 독생자이신 예수 그리스도 외에는 아무도 없을뿐더러(1:18, cf. 요일 4:12), 만일 하나님을 본 자가 있다면 그는 반드시 죽기 때문이다(판 13:22).

빌립은 과연 어떤 제자였는가? 그는 나다나엘을 주님께로 인도했던 자로서 『**주는 하나님의 아들이시요, 주는 이스라엘의 왕이시니이다.**』라는 나다나엘의 고백을 식접 들은 당사자다(1:49). 그리고 오천 명이나 되는 사람들을 배불리 먹이신 사건은 예수 그리스도께서 살아계신 하나님의 아들이심을 확신하기에는 충분했다(6:7). 하지만 여전히 계속되는 그의 의심에 대해 『**나를 본 자는 아버지를 보았느니라. 그런데 어찌하여 '아버지를 보여 주소서.'라고 말하느냐?**』라는 주님의 지적은 『**나와 나의 아버지는 하나니라.**』(10:30)라는 말씀을 기억나게 할 만큼 충분했다(9절).

그런데도 다시금 『**내가 너희에게 하는 말들은 내 스스로 하는 것이 아니라 내 안에 거하시는 아버지께서 그 일들을 하시는 것이라.**』라고 말씀하시면서(10절), 믿지 못하겠거든 『**행한 그 일들을 보고 나를 믿으라.**』라고 하신다(11절, cf. 5:36,37; 17:3). 이렇듯 주님은 제자들의 믿음 없음을 오래 참으시는 가운데서 그들을 진리와 생명으로 인도하고 계신다(16:28-31, 벧후 3:15).

2. 나를 믿으라, 내 이름으로 구하라, 사랑하면 내 계명들을 지키라.

『진실로 진실로 내가 너희에게 말하노니, 나를 믿는 자는 내가 하는 일들을 할 것이요... 또 너희가 내 이름으로 무엇이든지 구하면 내가 그것을 행하리니... 너희가 나를 사랑하면 나의 계명들을 지키라』(12,13,15절).

예수님께서 아버지 하나님께 늘 기도로 다가간 것은 아들로서 아버지가 어떤 분인지를 알고, 또 어떻게 행하실지를 믿었기 때문이다(12절, 11:42). 그러므로 아들이 구하는 것은 무엇이나 아버지께서 행하셨고, 아들 안에서 영광을 받으셨다(13절). 아버지와 아들의 관계가 이러하듯이 주님과 제자들의 관계 또한 그러하기를 바라는 마음에서 12절을 말씀하고 계신다. 요한복음 5:20에서도 『**아버지께서 아들을 사랑하시어 친히 하신 모든 것들을 그에게 보여**』 주셨듯이, 예수님께서는 제자들을 사랑하시어 친히 행하신 모든 것을 그들에게 보여 주셨다. 또한 아버지께서 더 위대한 일을 아들에게 보여 주셨듯이, 주님은 자기를 믿는 자들이 더 위대한 일들을 행할 수 있음을 약속하셨다. 결국 예수 그리스도를 믿고, 그분의 이름으로 무엇이든지 구하면, 그것을 행하시겠다고 약속하신 것이다(14절). 하지만 제자들은 이때까지도 예수 그리스도의 이름으로 아무것도 구하지 않았다(16:24). 다만 그들이 주님 안에 거하고, 주님의 말들이 그들 안에 거할 때, 그들이 무엇을 구하든지 이루어질 것을 약속하신 것이다(15:7). 따라서 신약 성도들이 본문 12절을 예수 그리스도께서 당시에 행하신 표적이나 그보다 더 큰 기적들을 행할 수 있다는 의미로 받아들이거나, 누구든지 예수 그리스도의 이름으로 기도만 하면 만사형통이라고 오해해서는 안 된다.

15절에서도 역시 『**나를 사랑하면 나의 계명들을 지키라.**』라고 명하신 것은 자신이 늘 "아버지의 명령"에 따라 모든 것을 행하심으로써, 아버지를 사랑하고 계심을 직접 나타내 보이셨기에 그들도 그렇게 하라는 것이다(31절). 예수 그리스도께서는 그 누구도 하지 못한 일들을 행하심으로써 그것을 본 자들이 자신을 믿도록 하셨지만, 보고도 믿지 않는 자들에 대해서는 『**나와 나의 아버지를 둘 다 미워**』하는 것으로 간주하셨다(15:24). 결국 주님을 믿는 것은 주님을 사랑하는 것이요, 또한 주님의 계명들을 지키는 것으로 이어진다(출 20:6). 따라서 주님을 믿지 않는 자들은 그분의 이름으로 구하지도 않을뿐더러, 그분을 사랑하기는커녕 『**아버지의 말씀**』도 지키지 않는 것이다(24절).

■ 새롭게 깨달았거나 적용할 내용이 있다면 적어 보세요. ■

영원히 함께하시는 예수 그리스도

1. "또 다른 위로자", 성령 하나님

『또 내가 아버지께 기도하겠고, 그분께서 또 다른 위로자를 너희에게 주시리니 그가 너희와 함께 영원히 거하시리라. 진리의 영인 그를 세상은 영접할 수 없으니 이는 세상이 그를 보지도 못하며 또한 알지 못하기 때문이라. 그러나 너희는 그를 아나니 이는 그가 너희와 함께 거하시며 또 너희 안에 계실 것임이라』(16,17절).

이제 잠시 후면 주님은 아버지께로 간다. 그래서 제자들과 영원히 함께 거할 **『또 다른 위로자』**의 필요를 아시고(16절), 그들에게 위로자이신 "성령"을 보내실 것을 약속하신다(26절). 그런데 **『진리의 영』**이신 그분을 세상은 영접할 수 없다고 하시는데, 이유인즉 **『세상이 그를 보지도 못하고 알지도 못하기 때문』**이라는 것이다(17절, 고전 2:14). 사실상 **『세상의 빛』**이신 주님을 거부한 자들은 "눈이 있어도 볼 수 없는" 소경들이다. 그들은 예수께서 행하신 많은 기적을 직접 보고서도 하나님께서 그를 보내신 것을 믿지 않았다(12:37-45). 따라서 그런 자들은 결코 하나님께서 보내신 "진리의 영"을 영접할 수가 없다. 그런데 왜 믿지 않던 제자들에게는 **『너희는 그를 아나니』**라고 말씀하시는가? 모든 것을 아시는 주님께서 최종적으로 유다 이스카리옷을 제외하고서는 제자들이 모두 예수 그리스도를 알고 믿었으며, 또한 그분을 사랑하고 그분의 계명을 지켰기 때문이다(17:8,12, 21:17).

요한복음 8:29에서 **『아버지께서는 나를 홀로 남겨 두지 아니하셨으니』**라고 말씀하셨듯이, 본문 18절에서도 **『어린 자녀들』**(13:33)이라고 부르신 제자들을

"고아"로 남겨 두지 아니하시고 그들에게 돌아오겠다 약속하신다. 반면에 『**잠시 후면 세상이 더 이상 나를 보지 못하리라. 그러나 너희는 나를 보리라. 이는 내가 살고 너희도 살겠음이라.**』라고 말씀하시는데(19절), 이는 "잠시 후에" 있을 예수 그리스도의 "부활"을 언급하신 것이다. 제자들은 부활하신 주님을 보았다. 또한 그들은 하늘로 올라가실 때도 주님을 보았으며, 하나님의 보좌 우편에 계신 동안에는 믿음으로 그분을 보았다(벧전 1:8). 더욱이 그들뿐 아니라 이후에 그들의 말을 통하여 주님을 믿을 모든 자들도 주님을 볼 것이며, 또한 그분과 함께 영원히 살 것이다(11:25,26, 17:20,21).

그러므로 예수 그리스도께서 "처소를 마련하면 다시 와서 그들을 자신에게로 영접하겠다"(3절)는 약속은 실제 재림 때에야 이루어진다. 하지만 그 전에 주님께서 『**또 다른 위로자**』이신 성령의 형태로 오셔서 그들과 함께 있겠다고 위로하신 것이고(20절), 이 약속은 실제로 오순절에 이행되었다. 사도 바울 또한 『**그리스도께서 내 안에 사시는 것**』이라는 위대한 고백을 하게 된 것이다(갈 2:20).

2. 사랑하는 자에게 거처를 정하시는 삼위일체 하나님

『예수께서 대답하여 그에게 말씀하시기를 "나를 사랑하는 사람은 내 말들을 지키리니 그러면 나의 아버지께서 그를 사랑하실 것이며, 또 우리도 그에게 와서 우리의 거처를 그와 함께 정하리라. 나를 사랑하지 않는 자는 나의 말들을 지키지 아니하느니라. 너희가 듣는 말은 내 말이 아니요, 나를 보내신 아버지의 말씀이니라』(23,24절).

우리가 아직 죄인이었을 때, 예수 그리스도께서 우리를 위해 죽으심으로써 우리를 향한 그의 사랑을 나타내셨다(롬 5:8). 그렇다면 그러한 사랑을 받은 자로써 당신은 주님을 사랑한다는 사실을 어떻게 입증할 수 있는가? 부활하신 주님으로부터 『**네가 나를 사랑하느냐?**』는 세 번의 질문을 받고, "그렇습니다"라고 답한 베드로에게 주님은 『**내 양들을 먹이라.**』고 명령하셨다. 즉 나를 사랑한다면 내 계명들을 지킴으로써 그 사실을 입증하라고 명령하신 것이다(15절). 그래서 21절에서 주님은 자신을 사랑하는 사람을 사랑하시고, 그 사람에게 자신을 나타내실 것을 약속하신 것이다. 그렇다면 눈으로 볼 수 있도록, 아니면 꿈이나 환상으로 나타나신다는 말인가? 그렇지 않다. 성경은 『**하나님께서 이것들을 우리에게 그의 영으로 나타내셨으니**』라고 말씀하신다(고전 2:10). 그래서 『**진리의 영**』이신 그 분께서 우리를 모든 진리로 인도하시고, 가르치시며, 모든 것을 생각나게 하신다(16:13). 다시 말해 거듭난 성도들이 성경을 볼 때면, 성령께서는 이 말씀이 다른 구절의 말씀과 어떻게 연관되는지 찾도록 인도하시고(행 8:31, 시 119:105), 또한 그 말씀을 해석해주심으로써 우리를 가르치시고, 필요할 때 그 말씀들을 기억나게 하신다(26절).

본문 23절을 통해 "나를 사랑하는" 사람과 "내 말들을 지키는" 사람 그리고 "우리의 거처를 함께 정할" 사람은 똑같은 대상임을 알 수 있다. 그래서 『**너희를 위하여 처소를 마련하러**』 아버지께로 간다고 하신 예수 그리스도께서 "나를 사랑하고 나의 계명들을 지키는 사람"에 대해 『**우리의 거처**』(our abode)를 그와 함께 정하겠다고 하신 것이다. 다시 말해 "그에 대한 아버지의 사랑"의 정도를 영원히 함께하겠다는 말씀으로 표현하고 있다. 그래서 주님은 한 걸음 더 나아가 ❶ 『**내 말들**』이 그들 안에 거하기를 원하셨고(15:7), 그들이 아버지의 계명들을 지켜서 ❷ 『**내 사랑**』 안에 계속 거하기를 원하셨다(15:10). 그렇게 함으로써 그들 안에 ❸ 『**나의 기쁨**』이 그들 안에 머물기를 바라신 것이다(15:11). 하지만 믿지 않는 자에게는 "하나님의 진노가 그 사람 위에 머물러(the wrath of God abideth on him) 있어, 예수 그리스도를 구주로 영접하지 않으면 하나님의 진노가 절대로 그를 떠나지 않는다(3:36). 그리고 죽음이 그를 덮치는 순간 그 즉시로 영원한 지옥행이다(막 9:44,46,48).

주님께서 남기신 마지막 당부의 말씀

1. 마음에 근심하지 말고, 두려워하지도 말라.

『내가 너희에게 화평을 남겨 두나니 나의 화평을 너희에게 주노라. 내가 너희에게 주는 것은 세상이 주는 것과 같지 아니하니, 너희는 마음에 근심하지 말고, 두려워하지도 말라』(27절).

세상이 주는 화평은 말만 무성한 껍질뿐인 화평이며, 얼마 못 가서 깨지는 일시적인 화평이다. 또한 희생이나 대가가 요구되는 화평이기에 주님께서 주시는 것과 다르다. 그렇다면 주님께서 주시는 『**나의 화평**』은 어떤 것인가? 그것은 값없이 주어지는 것이며, 또한 영원하다. 무엇보다 외적인 요인에 흔들리지 않는 "영적인 화평"임을 바울도 강조하고 있다. 『**하나님의 화평이 너희 마음을 다스리게 하라**』(골 3:15). 그래서 『**마음에 근심하지 말라.**』라고 처음부터 당부하시던 주님께서 이제는 『**두려워하지도 말라.**』라는 말씀까지 덧붙이고 계신다.

본문 28절에서 주님은 3절의 약속을 재차 상기시키고 계시는데, 이 약속은 주님의 죽음과 부활에 관한 것으로 제자들에게 "또 다른 위로자"와 함께 "화평"을 약속하신다. 그러면서 그들에게 자신을 "사랑"했다면 아버지께로 가신다는 그 말을 "기쁨"으로 받았을 것이라고 덧붙이신다(16:22). 제자들에게 주어진 이러한 "사랑"과 "기쁨"과 "화평"은 이후 믿는 자들에게 성령의 열매로 주어진다(갈 5:22,23). 특히 28절의 『**나의 아버지께서 나보다 위대하심이라**』는 말씀은 예수 그리스도의 신성을 주님 스스로가 부인하는 말씀이 아니라, 육신을 입고 있는 한 인간으로서 말씀하시는 것뿐이다. 예수 그리스도께서는 『**하나님의 형체로 계시므로 하나님과 동등하게 되는 것을 탈취라 생각지**』(빌 2:6) 않으셨다.

2. 주님의 사랑과 그 행하신 일을 전파하라.

『그러나 내가 아버지를 사랑하는 것과 아버지께서 내게 명령하신 대로 내가 행하는 것을, 세상으로 알게 하려는 것이라. 일어나라, 여기를 떠나자."고 하시더라』(31절).

이제 때가 되었으므로 주님은 지금까지 제자들에게 하신 말씀들을 깊이 새기라는 당부의 말씀으로 끝을 맺고 계신다(30절). 이제 잠시 후면 『**이 세상의 통치자**』가 와서 성경의 예언대로 그의 발꿈치를 부술 것이지만, 『**그는 내 안에 아무것도 가지고 있지 아니**』하기에 근심하거나 두려워할 필요가 없다고 말씀하신다. 주님은 죄 없으신 분이시므로(히 4:15), 마귀는 주님 안에서 그 어떤 것도 요구할 권리가 없다.

이제 만찬 식탁에서 일어나신 주님은 "아버지를 사랑하셔서 아버지의 명령을 지키시는 것"을 십자가에서 나타내 보이셔서 세상으로 그것을 알게 하실 것이다(31절). 이뿐 아니라 주님은 "아버지께서 자신을 보내신 것"과 "자기 사람들을 사랑하신 것"을 세상으로 알게 하기를 원하셨다(17:21,23). 또한 제자들도 증인이 되기를 바라시며 『**일어나라 여기를 떠나자**』고 하신다(15:27). 하지만 제자들은 이후에 주님을 혼자 남겨놓고 각자 자기 집으로 흩어지고 만다(막 14:50).

제자들이 각자 자기 집으로 흩어질 것을 미리 아신 주님께서는 『**아버지께서 나와 함께 계심**』을 강조하신다(16:32). 이것은 제자들이 세상 가운데서 환난을 당할지라도 고아로 남겨진 것이 아니라, 세상을 이기신 예수 그리스도께서 그들과 함께 있음을 기억나게 하려는 것이다(16:33). 그래서 주님은 『**나의 화평**』(27절)을 남겨 두시어 "근심하지 말고 두려워하지도 말며 오히려 기운을 내라"고 그들에게 힘과 위로를 주셨다.

NOTES

NOTES

제4과

참 포도나무의 비유(15장)

『나는 포도나무요, 너희는 그 가지들이라. 그가 내 안에 내가 그 안에 거하면 그 사람은 많은 열매를 맺느니라. 이는 나를 떠나서는, 너희가 아무것도 할 수 없기 때문이라』(요 15:5).

풍성한 열매

마지막 만찬의 자리를 떠나신 예수님께서는 제자들과 함께 겟세마네 동산을 향해 가시면서 "포도나무와 그 가지들의 비유"를 통해 주님께 지속적으로 붙어 있어야 한다고 제자들에게 말씀하신다. 땅에서 나는 귀한 열매를 바라는 농부는 열심히 땅을 파고 쟁기질하며 씨를 심고 물을 주면서 인내로 그 열매를 기다린다. 어떤 씨를 심었으면 그것이 흙을 뚫고 나와서 잘 자라야 하고 잘 성장할 뿐 아니라 그에 상응하는 열매도 맺을 수 있어야 한다. 농부들이 포도나무를 심는 것은 풍성한 가지나 무성한 잎, 예쁜 꽃을 감상하기 위해서가 아니다. "포도 열매"를 얻기 위해서이다. 오직 보고 즐기기 위한 "관상용"으로 포도나무를 심는 사람은 없다. 우리의 참 농부이신 하나님께서도 그분의 성도들이 풍성한 열매를 맺기를 바라신다.

열매를 맺기 위해서는 묵은 땅을 파 일구어야 한다(호 10:12). 나뭇가지나 이파리만 매만지고 인위적인 방법으로 농약을 치고 비료를 주며 종교적인 위선으로 겉으로 그럴 듯하게 포장하는 것으로는 주님께서 원하시는 열매를 결코 맺을 수 없다. 결국 그런 나무는 뿌리도 깊지 못해서 뽑히게 되어 있다. 병충해를 견딜만한 힘도 없다. 근본적으로 토양을 바꾸어야 한다. 체질을 바꾸지 않고서는 어떤 열매도 기대할 수 없다. 주의 말씀을 통해서 흙을 완전히 갈아엎을 수 있어야 한다. 진리의 말씀으로 영적인 체질을 바꿈으로써, 농약이나 비료처럼 어떤 인위적인 방법이 없어도 풍성한 열매를 자연스럽게 맺을 수 있도록 해야 하는 것이다. 그래서 시편 1편에서는 "즐거움이 주의 법에 있고, 주의 법을 주야로 묵상"하는 사람이 계절을 따라 열매를 맺는다고 말씀하는 것이다(시 1:2,3).

참 포도나무와 그 가지들의 비유(1-8절)

"포도나무와 그 가지들의 비유"에서 "참 포도나무"는 "예수 그리스도"이시고, 나무를 돌보는 "농부"는 "아버지 하나님"이시며(1,5절), "가지들"은 "제자들"이다(2,3절).

그리스도인은 어떤 열매를 맺어야 하는가? 그리스도인은 "성령의 열매"(갈 5:22,23)와 "구령의 열매"(잠 11:30)를 맺어야 하는데, 이러한 열매는 아버지 하나님께서 믿음으로 구원받은 성도들에게 보내 주신 "위로자," 곧 "성령 하나님"으로 충만할 때 맺을 수 있다. 열매를 맺는 것은 "세 단계"로 나눌 수 있는데, ❶ 단순히 "열매"(fruit)를 맺는 단계가 있고(2절a), ❷ 그다음에는 앞선 단계보다 "더 많은 열매"(more fruit)를 맺는 단계가 있으며(2절b), ❸ 마지막으로는 그야말로 "많은 열매"(much fruit)를 맺는 단계가 있다(5절, 마 13:8 - 30배, 60배, 100배).

그리스도인이 열매를 맺으려면 어떻게 해야 하는가?(2-8절) 첫째로, 그는 하나님의 말씀을 통해 정결케 되어야 한다(2,3절). 살아 있고 능력이 있어 양날이 있는 어떤 칼보다도 예리하여 마음의 생각들과 의도들을 판별하는 하나님의 말씀을 통해(히 4:12) "암 세포"처럼 더럽고 추악하고 나쁜 부분들을 도려내야 한다. 하나님께서는 열매를 맺는 깨끗한 가지들을 사용하시고(딤후 2:20-22),

그 가지들로 하여금 더 많은 열매를 맺게 하신다.

둘째로, 그는 포도나무에 붙어 있어야 한다(4절). 가지가 나무에 붙어 있다는 것은 "구원"을 의미하지 않고, 이미 구원받은 성도들이 지속적으로 하나님의 말씀 안에 있어야 한다는 것을 의미한다. 왜냐하면 구원받은 성도라고 해서 무조건 열매를 맺는 것이 아니라 말씀 안에 거하는 자들만 열매를 맺을 수 있기 때문이다.

셋째로, 그 사람이 예수 그리스도 안에 거하고, 예수 그리스도께서 그 사람 안에 거해야 한다(5-8절). 한 번 구원받은 그리스도인은 "그리스도의 몸"에서 벗어날 수 없다. 따라서 『**내 안에 거하라.**』(4절)라는 말씀은(5,6절) 구원이 아닌 "열매를 맺기 위해" 거하라는 말씀인 것이다. 『**너희가 내 안에 거하고 내 말들이 너희 안에 거하면**』(7절). 주님의 "말들," 곧 "하나님의 말씀"이 우리 안에 거한다는 것이다. 우리는 종종 말씀을 떠날 수 있다(5절 - 『**나를 떠나서는**』). 교리적으로는 "그리스도의 몸"에서 떠날 수 없지만(구원을 잃어버릴 수 없지만), 영적으로는 너무 많이 주님을 떠난 삶을 살게 된다. 그런 사람은 결코 열매를 맺지 못하고 하나님을 위해 아무런 삶도 살 수 없으며 오히려 말라 버린다(6절). 하나님의 말씀이 그 사람 안에 거해야만 열매를 맺을 수 있고(7절), 그 결과 참된 제자가 될 수 있다(8절).

하나님 아버지께서는 "예수 그리스도 안에서" 열매를 맺지 못하는 가지마다 "제거해 버리실 것"이라고 경고하셨는데(2절), 이것은 구원을 잃어버린다는 말씀이 아니라 "참된 제자들이 될 수 없다"는 의미이다(8절).

요한복음 15:1-8은 "그리스도의 몸"에 관한 신학적인 묘사가 아니라 일종의 비유이다. 2,4-7절에서 "내 안에"라는 표현을 주목해야 하는데, 당시 제자들 중 그 누구도 "그리스도 안에" 있지 않았다. 십자가 사

건이 일어날 때까지는 예수 그리스도의 몸 자체가 존재할 수 없었으며(엡 2:16), 사도행전 2장의 오순절 날이 될 때까지는 그 어떤 제자도 그리스도의 몸 안으로 들어가지 못했다(행 1:5, 고전 12:13). 무엇보다도 바울 서신은 그리스도인들을 "포도나무"에 달려 있는 "가지들"로 묘사하지 않는다. 그리스도인들은 한 "몸"의 "지체들"이다(고전 12:27). 따라서 이 비유는 구원을 끝까지 지키는 것에 관한 내용이 아니며, 그리스도인들이 열매 맺는 삶을 사는 것과 관련이 있다. 특히 6절에서 **『내 안에 거하지 아니하는 사람은 가지처럼 버려져 말라 버리느니라. 그러면 사람들이 그것들을 거두어 불 속에 던질 것이요 그것들은 타 버릴 것이라.』**라는 말씀은 마태복음 13:40-42에 나온 것처럼 "사람"이 지옥에 던져지는 것을 의미하지 않는다. 왜냐하면 "천사들"이 아닌 "사람들"이 가지들을 모아서 불태우고 있기 때문이다. 어떤 그리스도인도 문자적인 지옥 불의 형벌을 받지 않는다(롬 12:20, 고전 7:9, 고후 11:29, 약 5:3, 벧전 1:7). 그러나 그가 행한 일들은 그리스도의 심판석에서 불탈 수 있는 것이다(고전 3:14,15).

제자들을 향한 주님의 명령 : 서로 사랑하라(9-17절)

참된 제자들은 예수 그리스도의 사랑 안에 계속 거해야 하는데(9절), 그렇게 하기 위해서는 "주님의 계명들"(하나님의 말씀인 성경)을 지켜야 한다(10절). 하나님의 말씀인 성경을 사랑하고 존중하며, 성경이 말씀하시는 것을 믿고, 성경이 명령하시는 것을 행하는 성도는 하나님의 말씀 안에 거하게 되고, 예수 그리스도의 사랑을 받게 되며, 주님의 기쁨이 그 성도 안에 충만히 거하게 된다(11절).

어느 날 문밖에서 나를 물끄러미 쳐다보고만 있던 개 두 마리를 보면서 나는 아내에게 이렇게 물었다. "여보, 저 개들이 지금 뭘 기다리고 있는지 알아요?" "그야, 당신이 뭐라고 말을 좀 붙여 주기를 기다리고 있겠죠." "바로 그거요. 그것이 바로 그리스도인의 자세란 말이오. 주님의 명령만 기다리고 조용히 앉아 있는 것 말이오." 나는 개들을 향해 안으로 들어오라고 명령했다. 그랬더니 단 1초도 지체하지 않고 안으로 들어와 내 앞에 쪼그리고 앉아서 또다시 내 얼굴만 빤히 쳐다보는 것이었다. 그것은 마치 올빼미 두 마리가 꼼짝도 하지 않은 채 시선을 당신에게만 향하고서 몇 시간이고 기다리며 앉아 있는 모습과 똑같았다. 주님의 명령만을 기다리며 살아가는 그리스도인의 자세란 바로 이런 것이어야 한다. 당신은 단 한 순간도 시선을 다른 데로 돌려서는 안 된다. 당신은 주님만을 뚫어지게 바라보고 있어야 한다. 그리고 주님께서 당신에게 명령을 내리시면 단 1초도 지체하지 않고 자리에서 일어서야 한다. 일어난 후에도 절대로 시선을 다른 데로 돌려서는 안 된다. 그분께서 한 걸음 떼어 놓으시면 당신도 한 걸음 떼어 놓는다. 그분께서 뛰어가시면 당신도 그분을 바짝 붙어서 뛰어간다. 그분께서 멈추시면 당신도 즉각 멈춰 선다. 이것이 바로 예수 그리스도의 참된 제자의 모습이다(피터 럭크만).

참된 제자들은 예수 그리스도의 계명대로 "서로 사랑해야" 한다(12-17절). "서로 사랑하라"는 명령은 "선택 사항"이 아니라 반드시 실행해야 할 "의무적이고 강제적인 명령"이다(12절). 친구들을 위해 "자기 생명을 내어놓는 위대한 사랑"(요일 3:16, 롬 5:7,8)으로 서로 사랑해야 하는데, 그렇게 행할 때 "예수 그리스도의 친구"가 될 수 있다(13,14절). 예수 그리스도께서는 우리를 "종들"이 아닌 "친구들"로 대우해 주신다(15절). 이것은 예수 그리스도께서 아버지 하나님께로부터 들은 것들을 숨기지 않으시고 우리에게 있는 그대로 알려 주신다는 것을 의미한다. 주님의 명령을 따를 때 예수 그리스도의 친구가 될 수 있는데(14절), 결국 우리가 제자가 되는 것도, 열매를 풍성히 맺는 것도, 주님의 사랑을 받는 것도, 주님의 친구가 되는 것도 **모두 하나님의 말씀인 성경을 열심히 읽고 공부하는 것에 달려 있는 것이다.**

참된 제자들은 **주님께서 선택하시고 명령하신 사람들로서** 마땅히 열매를 맺고 기도의 응답을 받아야 하며 서로 사랑해야 한다(16,17절). "부르심"은 주님으로부터 받게 되는 것이지 우리 스스로 선택하는 것이 아니다. 한편 모든 그리스도인들은 "그리스도의 대사"(고후 5:19,20)로 임명받은 사람들이다. "**열매를 맺는 것**"은 주님께서 우리를 그리스도의 대사로, 복음 전도자로, 설교자 등으로 임명하신 목적이다.

제자들을 향한 세상의 증오(18-27절)

세상은 "아버지 하나님"을 미워하고(23,24절) "예수 그리스도"를 미워한다(18,23,24절). **또한 그분의 "성도들 또는 제자들"을 미워하는데(18,19절), 이는 우리가 세상에 속한 사람들이 아니기 때문이다.**

세상이 우리를 미워하더라도 그것은 본래 구주이신 예수 그리스도를 미워하기 때문이므로 결코 용기를 잃거나 좌절하지 말아야 한다. **『종이 자기 주인보다 더 위대하지 못하다.』**(20절)라는 말씀처럼, 구원받은 성도들은 예수님께서 받으신 고난과 박해 이상으로 고난과 박해를 당하지는 않을 것이다. **주님을 자신보다 더 먼저 생각하는 성도들은 당연히 박해를 피할 수 없다(20절).** 현재 어떤 형태로든지 고난과 박해를 당하지 않고 있다면, 그것은 자신을 주님보다 더 위대하게 여겨 왔고 지금도 그러하기 때문이다. 그런 성도는 주님의 제자도, 주님의 종도 될 수 없다.

경건하게 살면 당연히 박해를 받게 될 것이지만, 그것을 두려워하지 말고 하나님을 신뢰하는 가운데 그런 고난을 인내로 견뎌 내야 한다. 선택받은 세대요, 왕 같은 제사장이며, 거룩한 민족이자, 독특한 백성으로서 세상으로부터 성별해야 하고, 믿지 않는 자들과 함께 멍에를 메지 말아야 한다. 세상에서 빛을 비추는 자로서 그리스도인의 올바른 간증과 증거를 나타내야 하고, 혼을 거슬러 싸우는 육신의 정욕들을 멀리하고, 이곳 나그네 시절을 하나님을 온전히 두려워하는 가운데 지내야 한다. 우리의 본향은 셋째 하늘에 있음을 기억하고, 이 세상은 구원받지 않은 죄인들을 본향으로 인도하기 위한 선교 현장으로 삼아야 하는 것이다.

예수 그리스도께서는 이 땅에 오셔서 자신이 "하나님께로부터 보내심을 받은 하나님의 아들이심"을 증거하기 위해 "말씀하셨고"(22절) "행하셨는데"(24절), 이로 인해 세상은 "까닭없이" 그분을 미워하고 증오하고 거부했다(22-25절). **그렇게 함으로써 세상은 그분을 미워하는 죄를 드러냈고, 자기들의 그런 죄에 대해 변명할 수 없게 되었다(22절)**.

✍ 죄는 항상 변명을 대며 가면을 쓰고 향수를 뿌리고 변장한다.

참된 제자들은 진리의 영이신 성령 하나님과(26절) 예수 그리스도께서(27절) 증거하시는 것처럼 "증거하는" 일꾼이 되어야 한다. 『**너희도 처음부터 나와 함께 있었으므로 증거하리라**』(27절).

■ 새롭게 깨달았거나 적용할 내용이 있다면 적어 보세요. ■

주님께서는 모든 죄인들을 구원으로 부르셨다. 하지만 그 부르심에 응답하는 자들만 구원을 받는다. 주님께서는 모든 그리스도인들을 진리의 지식으로 부르셨다. 하지만 그 부르심에 응답하는 자들만 진리의 지식을 얻을 수 있다. 또한 주님께서는 진리를 소유한 모든 성도들을 부르신다. 하지만 그 부르심에 응답하는 자들만 제자가 된다. 물론 주님께서는 누군가를 "특별한 사역"으로 부르실 때도 있다. 예를 들어 목사가 되고 싶다고 모두 목사가 되는 것은 아니다. 주님께서 부르셔야 할 수 있는 것이다. 그러나 그 전에 먼저 내가 그런 부르심을 받을 수 있도록 합당한 조건을 갖추고 있어야 한다. 즉 하나님의 말씀을 공부하고 그 말씀에 순종하며 실행하는 것이다. 또한 그러한 특별한 부르심이 있을 때 기꺼이 응답할 수 있어야 한다.

어쨌든 간에 우리 모두는 주님의 부르심에 응답해야 한다. 즉 가지들로서 포도나무에 지속적으로 붙어 있어야 하는 것이다. 그런 성도들은 주님께 속한 자들이라는 증거를 지닌다. 이는 세상에게도 한 증거가 되어, 미움과 증오의 대상이 되게 만든다. 우리가 주님께 속했다는 표식은 세상으로부터 미움을 받는 것이다. **『실로 그리스도 예수 안에서 경건하게 살고자 하는 모든 사람은 박해를 받을 것이라』**(딤후 3:12). 세상이 우리를 인정한다면 우리는 주님께 인정을 받을 수 없다. 왜냐하면 주님과 세상은 서로 미워하는 관계이기 때문이다. 물론 우리는 실력으로는 세상으로부터도 인정을 받아야 한다. 인격으로서도 인정을 받아야 하며, 선한 행실로도 인정을 받아야 한다. 그러나 우리가 주님의 제자가 된다는 그 믿음과 실행만큼은 세상이 결코 좋아하는 일이 아니다. 세상의 인정을 받는다는 것은 세상이 우리를 좋아한다는 것인데, 우리가 참된 제자라면 세상이 우리를 좋아할 리 있겠는가! 왜냐하면 제자들은 이 세상이 악하다고 지속적으로 책망하기 때문이다. 우리는 세상의 죄들을 책망한다. 세상의 문화를 책망한다. 세상의 풍습을 책망한다. 우리는 세상과 구별된 자들인 것이다.

마귀가 관장하는 세상은 하나님과 성경과 그리스도인들을 거부하고 있으며, 결국 악으로 치닫다가 하나님의 진노의 심판 속에서 불로 멸망할 것이다. 그래서 예수님께서는 세상을 위해 기도하지 않으셨다. 바울도 "이 세상과 일치하지 말라"고 권고했고, 요한 역시 "세상도, 세상에 있는 것들도 사랑하지 말라"고 명령했다. 따라서 성경대로 믿는 그리스도인은 시민권이 하늘에 있다는 사실을 유념하고, 이 땅에서 나그네요 순례자로 살아가는 가운데 세상으로부터 온전히 성별해야 한다. 부도난 회사와 같은 이 세상에 인간의 힘으로 지상낙원을 세우려고 노력할 것이 아니라, 부지런히 복음을 전하여 멸망해 가는 이 세상에서 단 한 명의 죄인이라도 건져 내야 한다.

■ 새롭게 깨달았거나 적용할 내용이 있다면 적어 보세요. ■

NOTES

NOTES

제5과

진리의 영이신 성령 하나님(16장)

『내가 이런 일들을 너희에게 말한 것은 너희가 내 안에서 화평을 지니게 하려 함이라. 세상에서는 너희가 환난을 당할 것이나 기운을 내라. 내가 세상을 이겼노라."고 하시더라』(요 16:33).

제자들이 당할 박해에 대한 예언(1-6절)

『내가 너희에게 이런 일들을 말함은 너희로 실족하지 않게 하려 함이라. 그들이 너희를 회당에서 출회할 것이라. 참으로 그 때가 오면 너희를 죽이는 자는 누구든지 하나님을 섬기노라고 생각하리라. 또 그들이 이런 일들을 너희에게 행하리니, 이는 그들이 아버지도 모르며 나도 모르기 때문이라』(1-3절).

악한 자들이 선한 자들을 가증하게 여기는 것처럼 세상에 속한 자들이 하나님께 속한 사람들, 즉 그리스도인들을 박해하는 것은 자연스러운 현상이다(잠 29:27, 딤후 3:12). 악한 자들이 그리스도인들을 박해하는 이유는 세상이 예수 그리스도를 미워하기 때문이고(15:18), 세상이 미워하는 그리스도께서 세상으로부터 그리스도인들을 선택하셨기 때문이며(15:19), 악한 자들은 하나님도, 예수 그리스도도 알지 못하기 때문이다(3절, 요 15:21). 그래서 악한 자들은 그리스도인들을 회당에서 출회시킬 것이고, 심지어 하나님의 이름으로 성도들을 죽이기까지 할 것이다(행 26:10).

실족하게 되는 일(be offended)은 배교와 연결되기 때문에 주의해야 한다(1절). "실족하게 된다"(be offended)는 말은 외부 환경이나 세상 사람들에 대해 지나치게 반응함으로써 스스로 걸려 넘어진다는 의미를 함축하고 있다. 여기에는 자기 성질을 이기지 못하고 발끈하여 대적하는 것과, 하나님을 두려워하는 대신에 사람을 두려워하여 겁을 집어먹는 것과, 위협 앞에서 꼬리를 감추는 비굴한 행동 등이 포함된다.

박해에 대해 보인 베드로의 반응은 마태복음 26:33,35; 26:51-54; 26:70-75과 누가복음 22:54-62에 나온다. 특히 마태복음 26:51-54과 26:70-75에 보인 반응은 "성질을 못 이겨 발끈하고 불쾌해지는 것"이 얼마나 위험한 "실족"의 빌미가 되는가를 보여 준다. 정녕 베드로는 주님을 사랑했다. 주님을 잡으러 온 군사들을 향해 홀로 칼을 빼어 든 것이 이를 증명한다. 그러나 하나님의 뜻과 무관한 열정은 하나님의 예언과 계획들을 수행하고 계신 주님의 길을 가로막았다. 그래서 주님께서는 "나의 아버지께서 내게 주시는 잔을 내가 마시지 아니하겠느냐, 이제 그만하라."라고 하시면서 베드로를 제지하셨고 잡혀가셨다. 그런 주님의 모습에 베드로는 화가 났다. 열정은 찬물을 끼얹듯 식어 버렸고 예수님과 거리를 유지한 채 세상에서 자리를 찾고자 했다. 그렇게 실족함으로써 일생일대의 큰 시험에서 아주 비참하게 실패하고 말았던 것이다. 지금까지 주님과 함께 지내면서 배웠던 그 위대한 강론들과 가르침들, 주님의 기도들, 주님을 향해 타오르는 뜨거운 열정으로 주님께서 가시는 곳이면 어디라도 함께 가서 목숨까지 내어놓을 각오가 되어 있던 그 확고한 자기 확신 등 이 모든 것들이 마귀의 키질 한 번에 아무 쓸모가 없게 되어 버렸고 맥없이 허물어지고 말았던 것이다.

우리는 박해에 관한 예수님의 반응에서 교훈을 배워야 한다. 『그때 유다가 군대와 신임 제사장들과 바리새인들에게서 온 관원들을 이끌고 등불과 횃불과 무기들을 가지고 그곳에 오더라. 그러므로 예수께서 자기에게 다가올 모든 일을 아시고 나가시어 그들에게 말씀하시기를 "너희가 누구를 찾느냐?"고 하시니 그들이 "나사렛 예수라."고 주께 대답하니 예수께서 그들에게 말씀하시기를 "내가 그니라."고 하시더라. 주를 배반한 유다도 그들과 함께 서 있더라』(요 18:3-5). 외부 환경이나 세상이 대립 각을 세우고 달려들 때 그것을 향하여 초연한 자세를 가져야 한다. 박해에 관한 예언의 말씀들을 기억하고 예수 그리스도를 따르는 사람처럼 행동해야 한다(고전 4:9-13,16).

교회 시대의 성령님의 사역(7-15절)

『그러나 내가 진리를 너희에게 말하노니 내가 가는 것이 너희에게는 유익하니라. 만일 내가 가지 아니하면 위로자가 너희에게 오지 아니하시리라. 그러나 내가 떠나가면 내가 그분을 너희에게 보낼 것이라. 그분이 오시면 죄에 대하여, 의에 대하여, 심판에 대하여 세상을 책망하시리라. 죄에 대하여라 함은 그들이 나를 믿지 않기 때문이요 의에 대하여라 함은 내가 나의 아버지께 가므로 너희가 나를 다시는 보지 못하기 때문이며 또 심판에 대하여라 함은 이 세상의 통치자가 심판을 받기 때문이라』(7-11절).

교회 시대의 성령님의 사역은 죄와 의와 심판에 대하여 세상을 책망하시는 것으로 요약된다.

첫째, 성령님께서는 "죄에 대하여" 세상을 책망하신다. 예수 그리스도를 믿지 않는 것은 장차 유죄 선고를 받게 될 것을 의미하지 않는데, 이는 믿지 않는 것 그 자체로도 이미 유죄가 선고된 것이기 때문이다(요 3:18). 성령께서는 이미 죄가 확정되어 있음을 깨닫게 하시고 가책을 느끼게 하시며 세상이 꼼짝 못하게 하신다. 예수 그리스도를 구주로 영접하는 것은 선택의 문제가 아니라 무조건적인 필수 사항이다.

둘째, 성령님께서는 "의에 대하여" 세상을 책망하신다. 성령님께서는 예수 그리스도 오직 한 분만이 "의"가 되심을 선포하심으로써 세상을 책망하신다. 예수 그리스도의 "의"는 그분의 부활하심과 그분께서 거룩하신 아버지께 가심으로써 분명하게 입증되었다(행 17:31, 롬 10:9,10; 3:26).

셋째, 성령님께서는 "심판에 대하여" 세상을 책망하신다. 이 세상에 속한 자들은 "이 세상의 신"이자 "이 세상의 통치자"인 마귀의 지배를 벗어날 수 없다. 원하든지 원하지 않든지 간에 마귀를 섬기게 되어 있는 것이다. 그런데 "이 세상의 신"인 마귀는 갈보리 십자가에서 심판을 받았다. 그렇기 때문에 주 예수 그리스도를 영접하지 않는 세상은 그 통치자와 함께 갈보리에서 심판을 받은 것이 된다. 성령께서는 갈보리 십자가를 가리키시며 세상에 대해 책망하시는 것이다.

성령님께서는 우리를 예수 그리스도에 관한 모든 진리로 인도하신다. 성령님은 "진리의 영"이시다. 하나님께서 예비하신 모든 일들과 주 예수 그리스도에 관한 모든 일들을 알고 계시며 그것을 계시하시는 분이시다. 그분의 궁극적인 사명은 예수 그리스도만을 영화롭게 하시는 것이다(14절, 고전 2:9-11). 진리의 영께서 내주하고 계시는 그리스도인은 끝없이 깊은 광맥에서 보물을 캐내듯이 모든 진리를 찾아내는 데 열정을 가져야 한다(잠 2:4-8).

주님의 죽으심과 부활, 그리고 재림(16-22절)

『잠시 후면 너희가 나를 보지 못할 것이요, 또 잠시 후면 너희가 나를 볼 것이라. 이는 내가 아버지께로 가기 때문이라."고 하시더라. 그때 제자 중에 몇 사람이 서로 말하기를 "'잠시 후면 너희가 나를 보지 못할 것이요, 또 잠시 후면 나를 볼 것이라. 이는 내가 아버지께로 가기 때문이라.'고 주께서 우리에게 말씀하신 것이 무슨 뜻이냐?"고 하더라』 (16,17절).

주님의 제자들은 주님을 메시아로 받아들였는데 바로 그 메시아께서 자기들을 떠나 다시 하늘로 돌아가신다는 것과 그분께서 다시 오신다는 사실에 혼란스러워했다(요 12:34).

『**잠시 후면 너희가 나를 보지 못할 것이요, 또 잠시 후면 너희가 나를 볼 것이라.**』라는 말씀은 주님의 죽으심과 부활을 언급한 것이기도 하지만, 16절부터 19절까지 말씀하신 "일곱 번"의 "잠시 후면"이라는 말씀은 다가올 "7년 대환란"을 암시하는 것이기도 하다. 이 점을 21절의 『**여인이 해산할 때**』라는 말씀이 보여 준다(계 12:1). 『**여인이 해산할 때면 그 때가 다가오므로 근심하나**』에서 "그 때"는 이스라엘이 대환란을 통과하는 "야곱의 고난의 때"를 가리킨다(계 12:1-6). 『**또 잠시 후면 너희가 나를 볼 것이라. 이는 내가 아버지께로 가기 때문이라.**』라는 말씀은 아버지께로 가신 예수님의 재림을 암시한다.

『**그러므로 너희가 지금은 근심하여도 내가 다시 너희를 보리니, 그때에는 너희 마음이 기쁠 것이며 아무도 그 기쁨을 너희에게서 빼앗지 못할 것이라**』(22절). 이 일은 주님께서 공중 재림하셔서 교회를 휴거시키실 때 이루어질 것이다. 우리가 지금은 인생의 다양한 문제들과 대적들의 공격으로 근심하여도 주님께서 다시 오셔서 우리를 그분께로 영접하시면 우리의 마음은 기쁠 것이고, 그 기쁨을 누구에게도 빼앗기지 않을 것이다. 우리의 근심은 잠시 뿐이요, 우리의 기쁨은 영원할 것이다. 『**이는 우리가 잠시 받는 가벼운 환난이 우리를 위하여 훨씬 뛰어난 영원한 영광의 비중을 이루어 가기 때문이라. 우리가 바라보는 것은 보이는 것들이 아니요, 보이지 않는 것들이라. 이는 보이는 것들은 잠깐뿐이지만 보이지 않는 것들은 영원하기 때문이라**』(고후 4:17,18).

■ 새롭게 깨달았거나 적용할 내용이 있다면 적어 보세요. ■

내 이름으로 구하는 것은 무엇이나 주시리라(23-33절)

『그 날에는 너희가 아무것도 나에게 묻지 아니하리라. 진실로 진실로 내가 너희에게 말하노니, 너희가 아버지께 내 이름으로 구하는 것은 무엇이나 너희에게 주시리라. 지금까지는 너희가 내 이름으로 아무것도 구하지 아니하였으나 구하라. 그러면 받을 것이니 너희 기쁨이 충만케 하려 함이라』(23,24절).

유대인들은 하나님을 "여호와"라는 이름으로 부르면서 그 이름으로 구했다. 그러나 이제부터는 "예수"라는 이름으로 부르면서 그 이름으로 구하라고 말씀하신다. 예수 그리스도의 이름으로 구할 때 우리에게 기쁨을 충만케 해 주신다. 기도는 그리스도인이 기쁨을 얻는 수단이요, 통로이다. 기도를 멈추면 기쁨도 사라진다(살전 5:16,17, 빌 4:6).

『그 날에는 너희가 내 이름으로 구하리니, 이는 내가 너희를 위하여 아버지께 기도하겠다는 말은 아니니라. 아버지께서 친히 너희를 사랑하심이니 이는 너희가 나를 사랑하였고 또 내가 하나님께로부터 온 것을 믿었기 때문이라』(26,27절). 예수 그리스도를 사랑하고 또 그분을 신뢰하는 사람을 하나님께서도 친히 사랑하신다. 또한 우리가 예수 그리스도의 이름으로 무엇을 구하든지 하나님께서 그 기도를 직접 들어주신다.

『제자들이 주께 말씀드리기를 "보소서, 이제 주께서 분명히 말씀하시고 비유로 말씀하지 아니하시니 이제 우리는 주께서 모든 것들을 아시며 또 아무도 주께 물어야 할 필요가 없는 줄 아나이다. 이로써 우리는 주께서 하나님께로부터 오신 것을 믿나이다."라고 하더라. 예수께서 그들에게 대답하시기를 "너희가 이제야 믿느냐?』(29-31절) 주님께서는 이전에 제자들에게 주님을 믿으라고 촉구하셨다(요 14:1,11). 그런데 제자들은 "이제야" 주님을 믿는다고 고백한다. 주님을 믿는 것은 잘한 일이지만 그들의 믿음은 이내 시험에 직면해야 했다(17장). **『보라, 너희가 각자 자기 집으로 흩어지고 나를 혼자 남겨 놓을 그 때가 오나니, 실로 이미 왔노라. 그러나 나는 혼자 있지 아니하니, 이는 아버지께서 나와 함께 계심이라』**(32절).

『내가 이런 일들을 너희에게 말한 것은 너희가 내 안에서 화평을 지니게 하려 함이라. 세상에서는 너희가 환난을 당할 것이나 기운을 내라. 내가 세상을 이겼노라."고 하시더라』(33절). 그리스도인은 세상에서 결코 화평을 누릴 수 없다. 화평이 아니라 환난을 당하게 되어 있다. 때로는 모진 시련과 영적 갈등에 시달린 나머지 좌절하고 절망하기도 한다. 그러나 주님께서는 "내가 세상을 이겼노라."라고 말씀하시는 가운데 "기운을 내라."라고 격려하신다. 우리의 영적 싸움은 주님께서 이미 이루어 놓으신 승리 위에서 싸우는 것이므로 기운을 내야 한다. 환난 가운데 있을지라도 우리가 믿음으로 주님과 지속적인 교제를 나누는 가운데 우리 눈앞에 있는 영원한 기쁨을 내다보면서 "예수님 안에서" 화평을 누릴 수 있어야 한다.

■ 새롭게 깨달았거나 적용할 내용이 있다면 적어 보세요. ■

NOTES

NOTES

제6과

대제사장의 중보 기도(17장)

『내가 그들을 위하여 기도하나이다. 나는 세상을 위하여는 기도하지 아니하고 다만 아버지께서 내게 주신 자들을 위하여 기도하나이다. 이는 그들이 아버지의 사람들이기 때문이니이다.』(요 17:9).

지상에서 드리는 가장 위대한 기도

예수님은 공생애 동안 쉬지 않고 아버지 하나님께 기도를 드리신 분이다. 40일 동안 사탄의 시험을 받으실 때부터, 나사로를 살리시는 기적을 앞두고서도 늘 아버지께 기도를 드렸다(요 11:42). 또한 겟세마네 동산에서는 땀이 큰 핏방울처럼 되어 땅에 떨어질 정도로 간절히 기도하셨고(눅 22:44), 심지어 십자가에 달리셔서도 "저들을 용서해달라"는 중보 기도를 하셨다(눅 23:34). 그렇지만 요한복음 17장처럼 주님의 기도를 이토록 상세히 기록해 놓은 곳은 성경 어디에도 없다. 이렇듯 요한복음 17장은 주님의 기도로 가득한 장이며, 무엇보다 갈보리의 위대한 사역을 앞두고 아버지께 드린 중보 기도이다.

요한복음은 다른 공관복음과 달리 "하나님의 아들"의 관점에서 기록되었는데, 이것을 보여주기라도 하듯 성경 전체에서 "아버지"라는 단어가 가장 많이 등장하는 곳 또한 요한복음이다. 그 가운데서도 요한복음 17장은 더욱 그러하다. 그래서인지 하나님과 단순한 아버지와 아들로서의 관계를 넘어서, 아버지를 향한 아들의 친밀한 사랑의 교제를 깊이 느낄 수 있다. 특히 주님은 아버지의 영광을 위해 기도하셨고, 또한 갈보리에서 이루신 위대하신 사역을 근거로 지금도 거듭난 당신을 위해 중보하고 계신다. 그렇다면 거듭난 당신은 지금 무엇을 위해, 또 누구를 위해 기도하고 있는가? 세상에서 가장 아름다운 기도는 죄인이 예수 그리스도를 영접하는 기도일 것이다. 그렇다면 그들이 구원받도록 기도하며, 복음을 전파해야 하지 않겠는가!

아버지를 영화롭게 하는 아들의 기도

1. 그 시간이 왔나이다.

> 『아버지시여, 그 시간이 왔나이다. 아버지의 아들을 영화롭게 하셔서, 아들도 아버지를 영화롭게 하게 하옵소서』(1절).

예수님은 『**그 시간이 왔나이다**』라는 말씀으로 기도의 말문을 열고 계신다. 이 시간은 주님께서 아버지께로 가야 할 시간(요 16:16,28), 곧 십자가에 처형되실 시간이며, 인류 역사상 가장 위대한 순간이다. 왜냐하면 하나님의 의가 나타나고, 우리의 모든 죄가 용서되며, 하나님과 화해를 이루는 영광의 시간이기 때문이다. 무엇보다 주님 자신이 이 땅에 오신 목적을 이루시는 아주 중요한 시간이다(히 10:7). 사실상 이 시간은 고난과 수치의 시간이다. 그런데도 주님은 아버지의 영광을 구하고 계신다. 그러므로 이러한 주님의 기도는 세상으로부터 오는 영광과는 전혀 무관하며, 하나님의 자녀들도 기도에 있어서 그러해야 함을 보여주고 계신다. 『**너희가 서로 영광을 받으면서 오직 하나님으로부터 오는 영광은 구하지 아니하니**』(요 5:44).

2. 순종하는 아들로서의 예수 그리스도

> 『내가 땅에서 아버지를 영화롭게 하였으며 아버지께서 내게 하라고 주신 그 일을 완성하였나이다』(4절).

본문 2절에서 아버지 하나님께서 아들 하나님이신 예수 그리스도께 권세를 주시되, 『**모든 육체 위에**』 주셨다고 말씀하신 것은 일차적으로 모든 인간이 그 대상이지만, 궁극적으로는 모든 피조물 위에 행해지는 권세를 말한다. 부활하신 주님은 제자들에게 『**하늘과 땅에 있는 모든 권세를 나에게 주셨도다.**』(마 28:18)라고 말씀하셨는데, 바로 이러한 권세로 "자기에게 나오는"(『**아들에게 주신**』) 모든 사람에게 영생을 주시려는 것이다(히 7:25). 이로써 아들이 영화롭게 되고 아버지도 영화롭게 되신다. 그러므로 주님은 『**아들에게 주신 모든 사람에게 영생을 주게 하려**』고, 하나님께서 『**아들에게 모든 육체 위에 권세를 주신 것**』이라 밝히고 계신다(2절).

그렇다면 『**영생**』이란 무엇인가(3절)? 예수님은 영생에 관해 여러 차례 언급하셨다(요 3:15,16,36; 5:24; 6:40,47; 10:28; 12:50). **따라서** 본문 3절은 영생이 어떤 것임을 하나님께 설명하거나 제자들에게 가르치려는 것이 아니라, 사람들이 『**유일하시고 참 하나님이신 아버지와 아버지께서 보내신 예수 그리스도**』를 알게 되어 영생을 얻게 되기를 간청하는 기도이다. 죄인들이 "하나님"과 "주 예수 그리스도"를 『**아는 것**』은 그들이 구원받고 영생을 얻기 위한 필수조건이다. 따라서 거듭나지 않으면 결코 하나님을 알지 못한다(갈 4:8, 고전 1:21, 살후 1:8). 무엇보다 이를 위해서는 성령님의 도우심은 필수적이다. 『**그분이 나를 영화롭게 하시리니, 이는 그분이 내 것을 받아서 너희에게 알려 주실 것임이라**』(요 16:14). 이를 위해 성령께서 오셔야 하고, 또한 예수 그리스도께서는 가셔야만 한다(요 16:7). 그러므로 주님께서 "가신다"는 말씀은 "영화롭게" 되신다는 뜻이다(1절).

본문 4절에서 주님은 『**이 땅에서**』 "많은 기적"(마 9:8)과 "진리의 말씀"(8절)을 통해 하나님께 영광을 돌려드렸다. 그런 주님께서 지금 십자가를 내다보시면서 『**그 일을 완성하였나이다.**』라고 말씀하시는데, 마치 이곳에 계시지 않는 것처럼 말씀하신다(11절). 그러나 이렇게 말씀하시는 것은 ❶ 예수 그리스도께서 성경의 예언을 이루셨고(사 53:12), ❷ 아버지를 영화롭게 하였으며, ❸ 이제 "하늘에서" 영화롭게 되실 시간임을 알리시려는 것이다.

이렇듯 주님은 모든 사역과 영광에 있어서 아버지에 대한 "순종하는 아들"로서의 모습을 드러내고 계신다. 본문 5절에서 주님은 세상을 떠나시면서 『**세상이 있기 전에 내가 아버지와 함께 갖고 있던 그 영광**』으로 자신을 영화롭게 해 달라는 기도를 제자들 앞에서 드리고 계신다. 이것은 "이 땅에서 하나님을 영화롭게 해드릴 때, 하나님께서도 당신을 영화롭게 해주신다"는 사실을 기도로 우리에게 본으로 남기고 계신 것이다.

주님은 이 땅에 오셔서 비록 죄와 저주가 되셨으나, 주님의 이러한 간구는 하나님께서 모두 이루셨음을 기억해야 한다. 『**이로 인하여 하나님께서는 그를 지극히 높이시고 모든 이름 위에 있는 한 이름을 그에게 주사 하늘에 있는 것이나 땅 위에 있는 것이나 땅 아래 있는 것이나 모든 무릎을 예수의 이름에 꿇게 하시고 모든 혀가 예수 그리스도를 주라 시인하여 하나님 아버지께 영광을 돌리게 하셨느니라**』(빌 2:9-11).

『아버지께서 보내신 예수 그리스도』(3절)

예수 그리스도의 신성을 부인하려는 자들에게 『**아버지께서 보내신 예수 그리스도**』라는 말은 걸려 넘어지기에 딱 알맞은 돌이다. 그러나 성경은 예수 그리스도의 신성 곧, 그분이 하나님이심을 분명히 증거하고 있다. 『**우리는 참되신 그분, 곧 그분의 아들 예수 그리스도 안에 있노라. 이분은 참 하나님이시며 영원한 생명이시니라**』(요일 5:20, cf. 요 10:30).

그러므로 『**아버지께서 보내신**』이라는 성경 말씀의 의미는 『**하나님께서는 육신으로 나타나셨고**』(딤전 3:16)라는 말씀과 다르지 않음을 쉽게 이해할 수 있다.

제자들을 위한 주님의 중보 기도

1. "아버지의 사람들"을 위한 중보 기도

『나는 아버지께서 이 세상으로부터 나에게 주신 그 사람들에게 아버지의 이름을 나타내 보였나이다. 그들은 아버지의 사람들이었는데 아버지께서 나에게 주셨으며, 그들은 아버지의 말씀을 지켰나이다... 내가 그들을 위하여 기도하나이다. 나는 세상을 위하여는 기도하지 아니하고 다만 아버지께서 내게 주신 자들을 위하여 기도하나이다. 이는 그들이 아버지의 사람들이기 때문이니이다』(6,9절).

본문 6-9절의 그들은 누구인가? 그들은 『**아버지의 사람들**』로, 아버지께서 예수 그리스도께 주신 사람들이다. 일차적으로 이들은 유다 이스카리옷을 제외한 11명의 제자를 언급하시는 것이지만(12절), 영적으로나 교리적으로는 예수 그리스도를 구주로 영접한 모든 사람이 여기에 해당한다. 본문 6절에서 주님은 『**이 세상으로부터 나에게 주신 그 사람들**』에게 『**아버지의 이름을 나타내 보였나이다.**』라고 말씀하시는데, 이 일은 오직 예수 그리스도만이 하실 수 있는 일이다. 주님은 "나는 곧, 나이신 하나님의 이름"과 "그분의 온전하심과 위대하심"을 죄 없으신 자신을 통해 나타내신 유일한 분이시다(요 1:18, cf. 시 19:1, 롬 1:19). 또한 주님은 『**아버지의 이름을 나타내**』 보이심으로써 성경에 예언된 그 일을 이루셨다. 『**<u>내가 주의 이름을 내 형제들에게 선포하며</u> 회중 가운데서 내가 주를 찬양하리이다**』(시 22:22).

주님은 이 땅에 오셔서 기적을 행하기 전에 말씀을 전하셨다. 이처럼 본문 8절에서도 주님은 아버지께서 주신 말씀을 제자들에게도 그대로 전하셨다(요 12:50).

『나의 교리는 나의 것이 아니요 나를 보내신 분의 것이라. 만일 누구든지 그분의 뜻을 행하려고 한다면, 그 교리가 하나님으로부터 온 것인지 아니면 내가 내 자신에 관하여 말하는 것인지 알게 되리라』(요 7:16, cf. 신 18:17-19).

그러므로 하나님의 뜻을 알려면 성경으로 돌아가야 한다(딤후 3:16). 제자들은 그 말씀들을 영접했고, 그 말씀을 지켰으며, 예수 그리스도께서 아버지에게서 온 것을 알았고, 또한 아버지께서 그분을 보내신 것을 믿었다(8절). 나아가 주님의 모든 것이 하나님 아버지에게서 왔음을 알았다(7절). 그런데도 예수께서 잡히시던 그 밤에 그들은 뿔뿔이 흩어지고 말았다. 그러나 제자들은 이후 위대한 사역자로 쓰임을 받을 수 있었는데, 이 모든 것 또한 중보 기도의 은혜이다(히 4:14-16). 오늘날 거듭난 사람들도 전파된 복음을 듣고 영접했으며(롬 10:17), 하나님께서 예수 그리스도를 보내신 것을 믿었다(롬 10:17).

무엇을 위해 기도해야 하는가?

예수 그리스도께서는 지금도 "대제사장"으로서 거듭난 성도들을 위해 중보하고 계신다(히 6:20; 8:1). 그분은 오직 『**아버지의 사람들**』 곧, 하나님의 자녀들만을 위해 기도하신다. 그래서 주님께서 기도하시는 대상은 세상이 아니다(9절). 그런데도 교황들은 세상의 화평을 위해 기도하고 있다.

주님은 이미 세상을 사랑하셨기에(요 3:16), 세상과 세상의 화평을 위해 기도하지 않으신다(요일 2:15,16, 마 10:34). 오직 성경은 『**예루살렘의 화평**』(시 122:6) 곧, "주님의 재림"을 위해, 또 "구원받은 성도들"을 위해 기도하라고 말씀하신다. 만일 그것이 "세상을 위한 기도"라 할지라도, 이는 성도의 믿음을 지키기 위한 것이어야 하고(딤전 2:1,2), 구원받지 못한 죄인들의 구원을 위한 것에 국한되어야 한다.

2. 『내가 기도하옵는 것은』 : 아버지의 이름으로 그들을 지켜 주소서

『이제 나는 더 이상 세상에 있지 아니하나 이들은 세상에 있나이다. 그리고 나는 아버지께로 가나이다. 거룩하신 아버지시여, 아버지께서 내게 주신 그들을 아버지의 이름으로 지켜 주셔서 그들도 우리처럼 하나가 되게 하옵소서』(11절).

본문 10절의 『**나의 모든 것**』에는 주님을 믿고 영접한 모든 사람까지 포함된다(6,9절). 주님은 7절에서 『**내게 주신 모든 것들이 다 아버지께로부터 온 것**』이라고 말씀하셨고, 또 아버지의 것도 자신의 것이라고 말씀하신다. 결국 하나님과 예수 그리스도뿐 아니라(요 10:30), 그분의 사람들도 모두 하나가 되는 것이다(11절). 그래서 『**아버지의 아들을 영화롭게**』(1,5절)하여 주시라고 기도하신 주님께서 자신이 『**그들 안에서 영화롭게**』 되었다고 말씀하신 이유이다. 이제 주님께서 아버지께로 가야할 시간이 왔다. 그래서 『**이 악한 현 세상**』(갈 1:4)에 남겨질 제자들과 대조적으로 하나님을 『**거룩하신 아버지**』라 부르시고, 그들을 『**아버지의 이름으로**』 지켜 주실 것을 간구하고 계신다(11절). 즉 만물을 창조하시고, 운행하시는 위대하고 놀라우신 그분의 이름으로 그들을 지켜 주셔서 『**우리처럼**』, 즉 『**우리 안에서**』(21절) 하나가 되기를 간구하신 것이다.

본문 12절의 『**멸망의 아들**』은 "유다 이스카리옷"을 말하며, 또한 "적그리스도"를 가리킨다(살후 2:3,4). 그는 "짐승"이라 불리며(계 13:2, 단 7:23), "작은 뿔"로도 언급된다(단 8:9,12). 예수님께서는 그를 "마귀"(a devil)라고 말씀하셨다(요 6:70). 그러므로 그가 구원을 잃어버려서 지옥으로 간 것이 아니다. 멸망의 아들 "유다 이스카리옷"은 주님을 대적해서 그의 발꿈치를 들었고, 이는 시편 41:9에 예언된 것으로 주님께서 이에 관해 미리 밝힌 바 있으시다. 『**나와 함께 빵을 먹는 자가 나를 대적하여 자기 발꿈치를 들었나이다**』(요 13:18).

3. 『내가 기도하옵는 것은』 : 그들의 기쁨이 충만하게 하려는 것

『이제 내가 아버지께로 가나이다. 내가 세상에서 이런 것들을 말함은 나의 기쁨을 그들 안에서 충만케 하려 함이니이다』(13절).

본문 13절에서 예수 그리스도께서는 『**나의 기쁨을 그들 안에서 충만케 하려 함**』이라고 기도의 이유를 밝히고 계신다. 여기서 말씀하시는 "기쁨"은 주님께서 소유하신 것으로, 영원한 것이다. 『**주의 면전에는 충만한 기쁨이 있고 주의 오른편에는 즐거움이 영원무궁토록 있나이다**』(시 16:11). 그렇다면 왜 이러한 기쁨으로 제자들이 충만하게 되기를 바라셨을까? 그 이유는 진리이신 『**아버지의 말씀**』(17절)을 받은 성도들을 세상이 미워하기 때문인데(14절), 죄인들의 혼은 하나님께로 "이겨옴"을 당했고(soul_winning), 이 세상의 통치자인 마귀가 당신을 빼앗겼기 때문이다. 그러므로 세상이 당신을 미워하는 건 지극히 당연하다.

우리와 달리 구주이신 주님께서는 처음부터 세상에 속하지 않으셨다. 『**첫째 사람은 땅에서 나서**[of the earth] **흙으로 만들어졌으나 둘째 사람은 하늘에서 나신**[from heaven] **주시니라**』(고전 15:47). 이뿐 아니라 우리의 대제사장이신 주님은 『**거룩하고 악이 없으며, 더러움이 없고 죄인들에게서 성별되시며, 하늘들보다 더 높이**』되신 분이시다(히 7:26). 이제 우리는 예수 그리스도 안에서 『**새로운 피조물**』(고후 5:17)이며, 또한 하늘에 『**썩지 않고 더럽지 않고 쇠잔하지 않는 유업**』이 간직되어 있고, 시민권도 그곳에 있다(빌 3:20). 그러나 마귀는 이 땅에 속한 『**육신의 정욕과 안목의 정욕과 생의 자랑**』(요일 2:16)으로 성도들에게 거짓 기쁨을 주려고 애쓴다. 그러므로 성도들은 오직 진리로 자신의 거룩함을 지켜야 할 것이다(19절).

4. 『내가 기도하옵는 것은』: 악에서 보호해 주시라는 것

> 『내가 기도하옵는 것은 아버지께서 그들을 세상에서 데려가시라는 것이 아니옵고 그들을 악에서 보호해 주시라는 것이옵니다』(15절).

11절에서 『**아버지의 이름으로**』 그들을 지켜 주실 것을 간구하신 주님께서 이제 그들을 『**악에서 보호해**』 주실 것을 간구하고 계신다(15절). 왜냐하면 죄악으로 가득한 세상, 게다가 주님께서 계시지 않는 이 땅에 남겨진 그들이 주님의 보호를 받지 않는다면 그들은 죄의 종으로 살수 밖에 없기 때문이다. 『**주께서는 나를 모든 악한 일에서 구해 내시고, 그의 하늘나라에 이르기까지 나를 보호하시리니, 영광이 그분께 영원무궁토록 있기를 원하노라. 아멘**』(딤후 4:18). 거듭난 성도들의 몸은 여전히 세상에 있을지라도, 분명 그들은 결코 세상에 속하지 않고 예수 그리스도 안에 있다(16절). 즉 마귀의 자녀에서 하나님의 자녀가 된 것이다. 그러므로 세상에 속한 그리스도인은 있을 수 없고, 다만 그리스도 안에서 육신적인 사람은 있을 수 있다(고전 3:1). 그래서 주님은 이 땅에서 그들이 말씀으로 거룩하게 될 것을 명령하신 것이다.

5. 『내가 기도하옵는 것은』: 진리로 그들을 거룩하게 하소서

> 『아버지의 진리로 그들을 거룩하게 하여 주옵소서. 아버지의 말씀은 진리니이다』(17절).

"거룩하게 한다"는 말은 "정결케 하여 따로 떼어 놓는다"는 뜻이다. 그래서 주님은 우리를 거룩하게 하시려고 영원한 속죄제로 자신을 드리심으로써 거룩하게 하셨고(19절), 이를 통해 우리 또한 거룩하게 된 것이다. **『그 뜻에 따라 한 번 예수 그리스도의 몸을 드리심으로써 우리가 거룩하게 된 것이라』**(히10:10). 거듭나지 못한 죄인들은 제아무리 진리를 찾아 헤맬지라도(잠 18:1), 그것으로는 결코 죄들에서 깨끗하게 될 수 없다(요 14:6). 죄인은 오직 예수 그리스도의 복음을 통해서 깨끗하게 되고, 또한 거듭난 성도들조차도 **『말씀』**과 **『기도』**로 거룩하게 된다(시 119:9, 요 15:3, 엡 5:26). 그러므로 주님께서는 주님의 보혈로 단번에 의롭게 된 성도들이 그 거룩함을 영속적으로 이루어가기를 원하신 것이다. **『하나님을 두려워함으로 거룩함을 온전히 이루어 육과 영의 모든 더러움에서 우리 자신을 깨끗하게 하자』**(고후 7:1).

주님은 자신의 보혈로 거룩하게 된 자녀들이 ❶ 진리를 통해 거룩하게 될 뿐 아니라, 죄의 종에서 벗어나 ❷ 진리 가운데서 자유롭게 되기를 원하신다(요 8:32). 또한 ❸ 말씀으로 깨끗게 되기를 원하신다(요 15:3, 엡 5:26). 그러므로 거듭났으면 하나님의 말씀을 늘 읽고 묵상하며, 공부하고, 실행에 옮겨야 한다. 주님은 십자가의 고난과 죽음을 위해 이 세상에 보내지셨다. 죄인들을 의로 돌이키도록 보내지신 것이다. 마찬가지로 같은 목적으로 주님은 자기 사람들을 세상으로 보내신다(18절). 그러므로 말씀으로 무장하지 않은 채 세상으로 보내진 사람들은 바울을 떠난 "데마"처럼 된다는 점을 기억해야 한다.

■ 새롭게 깨달았거나 적용할 내용이 있다면 적어 보세요. ■

그리스도인을 위한 주님의 중보 기도

1. 『내가 기도하옵는 것은』 : 모두 하나 되게 하소서

『그러나 나는 이들만을 위하여 기도하는 것이 아니옵고 그들의 말을 통하여 나를 믿을 사람들도 위한 것이옵니다』(20절).

주님께서 이제 기도를 마무리하시면서, 기도의 대상을 『**그들의 말을 통하여 나를 믿을 사람들**』로 확대하고 계신다. 사실상 이 기도는 모든 그리스도인을 위한 것이다. 『**아버지께서 내게 주신 그 말씀들**』(8절, cf. 롬 10:17)을 듣고 영접한 사도들이 다른 사람들에게도 그 말씀을 전했는데, 그들의 말을 통해 믿게 된 성도들이 그 기도의 대상인 것이다. 즉, 『**이방인들이 복음을 통하여**[그들의 말을 통하여] **그리스도 안에서 공동 상속자가 되고 한 몸이 되며 그의 약속에 동참자가 된**』 것이다(엡 3:6). 따라서 중보 기도의 대상은 거듭난 하나님의 자녀이며, 기도의 목적은 그들이 『**우리 안에서**』 하나 되는 것과 『**아버지께서 나를 보내신 것**』을 세상으로 믿게 하려는 데 있다(21절).

또한 구원받은 사람은 모두가 『**그리스도 안에서**』 하나 되고(롬 12:5, 엡 3:6, 고전 12:13,20), 삼위일체 하나님 안에서(『**우리 안에서**』) 영적으로 하나가 된다. 이 일은 오직 하나님께서 『**그 사랑하시는 이 안에서 우리를 받아들이**』셨기 때문에 가능하다(엡 1:6).

그런데도 오늘날 종교 위선자들은 모든 사람이 "그리스도 안에서", "하나님 안에서" 하나 되는 것을 거부한 채 종교 통합만을 부르짖고 있다. 『**복음을 전해 들은 것은 그들이나 우리나 마찬가지나, 전파된 말씀이 그들에게 유익을 주지 못한 것은, 그것을 들은 자들이 믿음을 결합시키지 못했기 때문이라**』(히 4:2).

2. 『내가 기도하옵는 것은』 : 그들로 나의 영광을 보게 하소서

『아버지시여, 내가 바라오니 아버지께서 내게 주신 그들도 내가 있는 곳에 나와 함께 있게 하셔서 그들로 아버지께서 내게 주신 나의 영광을 보게 하소서. 이는 아버지께서 세상의 기초가 놓이기 전부터 나를 사랑하셨기 때문이옵니다』(24절).

본문 22절에서 예수님께서 말씀하신 『**아버지께서 내게 주신 그 영광**』은 십자가의 고난 이후에 『**다가올 영광**』(벧전 1:11)으로, 이것을 제자들에게도 주시고자 하는 것이다. 즉 이 영광은 이사야 53장의 예언을 이루심으로 얻게 된 영광으로, 최종적으로 『**만물의 상속자**』(히 1:2)가 되시는 위대한 영광이다. 주님은 자신의 이 영광을 믿는 자들에게 주시고자 기도하시는데, 결국 이 기도는 거듭난 성도들 안에서 이루어졌다. 『**의롭게 하신 이들을 또한 영화롭게 하셨느니라**』(롬 8:30).

특히 24절에서 주님께서 계신 곳에 그분과 함께 있으면서 그분의 영광을 보게 해달라는 기도는 "구원의 영원한 보장"을 완벽히 보여주고 있다. 이제 우리는 주님께서 『**세상이 있기 전에**』 아버지와 함께 영광을 가지고 있었고(5절), 구원받은 사람들에게 이것을 주시고자 기도하고 계심을 알았다. 또한 『**세상의 기초가 놓이기 전부터**』 아버지께서 주신 사랑을 성도들에게 주시고자 하신다. 이것을 기도의 마지막에서 한 번 더 강조하신다. 『**아버지께서 나를 사랑하신 그 사랑이 그들 안에 있게 하고 또 내가 그들 안에 있게 하려 함이니이다**』(26절).

이러한 주님의 기도로 오늘날의 성도들 또한 성령을 통해 『**하나님의 사랑이 우리 마음속에 부어졌**』고(롬 5:5), 『**그리스도의 사랑이 우리를 강권하**』(고후 5:14)심을 알게 된 것이다.

요한복음 17장에서 예수 그리스도께서는 자신에 의해 구속받게 될 사람들을 위해 ❶ 그들을 지켜 주실 것을 기도하셨고(11절), ❷ 기쁨이 그들 안에 충만하기를 기도하셨으며(13절), ❸ 그들을 악에서 보호해 주실 것을 간구했다(15절). 그런 다음 ❹ 아버지의 말씀인 진리로 그들을 거룩하게 해 주실 것과(17절) ❺ 아버지께서 자신을 이 땅에 보내신 것을 세상으로 믿게 해 주시라는 기도를 드렸다(21절). 나아가 ❻ 그들이 주님 계신 곳에 함께 있게 되기를 기도하셨고(24절), ❼ 그들이 아버지께서 주신 영광을 보게 해 달라는 기도로 마무리하셨다.

이러한 주님의 기도는 제자들뿐 아니라, 그들의 말을 통해 주님을 영접하는 사람들을 위한 것이다. 대제사장으로서 드리는 주님의 중보 기도는 지금도 응답되고 있으며, 주님 오시는 그날에는 온전히 이루어질 것이다.

▪ 새롭게 깨달았거나 적용할 내용이 있다면 적어 보세요. ▪

NOTES

<추 천 도 서>

요한복음

피터 S. 럭크만 지음 / 712쪽

30,000원(e-Book 14,900원)

본서는 말 그대로 예수 그리스도의 복음을 담고 있는 책으로 교회 시대의 성도들에게 영적 진리를 풍성하게 제공해 주고 있다.

하나님의 나라와 천국

피터 S. 럭크만 지음 / 280쪽

12,000원(eBook 4,900원))

본서는 천국(Kingdom of Heaven)과 하나님의 나라(Kingdom of God)를 구분하여 정확하게 알려준다.

조직신학

피터 S. 럭크만 지음 / 1,040쪽

50,000원

본서는 철저하게 〈킹제임스성경〉에 기반을 두고 하나님께서 정하신 성경적인 해석 방법에 따라 바른 신학을 집대성한 책으로 모든 성경 연구의 기준이 되는 교리서다.

영적 삶의 새로운 시작

이송오 목사 지음 / 104쪽

4,000원(eBook 2,800원)

이 책은 갓 거듭난 그리스도인들이 하나님의 말씀을 통해 건전한 교리로 양육받을 수 있게 도와주는 지침서이다.

솔로몬 성경공부 시리즈

요한복음

제3권 길이요 진리요 생명이신 예수 그리스도(12-17장)

초판1쇄 2023년 8월 11일
초판2쇄 2023년 9월 1일
지 은 이 / 편 집 부
발 행 인 / 박 승 용
발 행 처 / 말씀보존학회
출판등록 / 1988. 12. 12. 제16-223호
주 소 / 서울 강서우체국 사서함 제90호
전 화 / (02) 2665 - 3743
팩 스 / (02) 2665 - 3302
인 터 넷 / www.biblemaster.co.kr

잘못된 책은 바꿔 드립니다.

값 10,000 원